PAISIBLE GARONNE

Dans la paisible banlieue de Bordeaux habite une veuve retraitée, une madame-tout-le-monde, aussi tranquille et retirée que ses voisins. Son esprit, parfaitement lucide, mais incapable de franchir les portes de l'éternité, se rabat sur le passé et finit par se poser des questions. C'est ainsi qu'un dilemme vieux de plus de soixante ans revient peupler les nuits de Mme Hébert au point de la cloîtrer dans un labyrinthe de souvenirs aigres-doux. Lasse de visionner les accidents d'un parcours auquel elle ne peut rien changer, ancienne institutrice qu'elle est, elle décide de léguer à la jeunesse une synthèse de sa vie sous forme d'exemple. Sa première tentative expiatoire ayant échoué, elle va essayer encore une fois de se livrer à un étranger, le narrateur.

Au-delà de ses amours effleurés, Mme Hébert se replongera encore une fois en cette année 1943, pivot de son salut social, remontant ainsi à la source de son mal-être, à savoir, une décision mal assumée, fondée sur des valeurs promettant « l'Infini » – un choix existentiel conditionné par son enfance. Elle finira par se réfugier dans des souvenirs raisonnés alors que la nature, à sa manière, restera dépositaire de ce qui fut et de ce qui aurait pu être, tout en lui laissant poser un dernier geste qui symbolisera sa position.

L'amour est si court, et l'oubli est si long.

PABLO NERUDA, *Vingt poèmes d'amour et une chanson désespérée*
Traduction Christian Rinderknecht
© Éditions Gallimard pour la traduction française.

J. L. F. Lambert

PAISIBLE GARONNE

–8Θ8Θ8–

Note liminaire

Mme H*** a approuvé la publication de la reproduction de ses paroles et de ses documents sous la forme présentée ci-après (note datée 2011.08.31, témoin sa belle-petite-fille). L'auteur lui en est infiniment reconnaissant. Il remercie également sa compagne, BrendaLee Wilson, de son apport critique et technique, et son ami Yanic Bernard de son soutien logistique. Sont aussi remerciés de leurs contributions documentaires ou de leurs commentaires : le maire d'Eyrans, Bernard Bailan; un archiviste de la ville de Lourdes, Jean-François Labourie; un ancien évacué de Nantes, Gérard Piquet; une ancienne monitrice de Lourdes, Paulette Abadie-Douce; un ancien voisin des sœurs de Mme H***, Éric Décombe; l'auteur de *L'Allemand qui sauva Bordeaux par amour*, Erich Schaake; et, pour l'édition française, Marie Bazin, Louise Brind'Amour, Louise Boulay et Luba Markovskaia.

–8Θ8Θ8–

Lambert, J. L. F. (Jean Louis François), Toulouse 1948-
Paisible Garonne (adapté en anglais par l'auteur sous le titre de *The Quiet Tides of Bordeaux*)

Carte, plan, dessins et notes de l'auteur; dessins inspirés (sauf six) de sources photographiques se recoupant et provenant de Mme H***, Google Earth, Internet (dont Bundesarchiv et delcampe.net [CAP]), B. Bailan et J.-F. Labourie, et de cartes postales G. I. P. et L. Chatagneau; crédits photos : l'auteur, B. L. Wilson et anonymes provenant de Mme H*** ainsi que de P. Abadie-Douce via G. Piquet. (2eS Txt Gmd 12,5 int 1,05 mrg 2 1,75 0,75; 2eH Txt TNR 12 int 1,1 mrg 2 1,75 0,75)

Titre confirmé par Bibliothèque et Archives Canada 2011.08.03
2de édition, réimpression
ISBN 978-0-9936926-5-9 (souple)
ISBN 978-0-9936926-6-6 (cartonné)
ISBN 978-0-9936926-7-3 (numérique)

France, Aquitaine, XXe siècle, Blaye, Bordeaux, Étauliers, Lourdes, Royan, Saintes, Mœurs, Déterminisme, Conditionnement, Conformisme, Différences religieuses, Seconde Guerre mondiale, Réfugiés, Occupation allemande, Enseignement, Centres médico-scolaires, Collèges techniques, Amour, Solitude, Mémoire

Relations principales

Micheline (Michou) Ponthier, enseignante, 1916-
> Son père, Louis Gabriel, commerçant quincailler, 1869-1945;
> sa mère, Jeanne, 1880-1954; ses sœurs : Aline, 1898-1992;
> Marcelle, 1900-1952; Cécile, 1902-1997; son frère, Rémy,
> employé des chemins de fer, 1901-1983; son cousin, J.;
> une cousine

Jacques Celse, médecin de campagne, 1910 ?-(v. le post-épilogue)
> Son père, pasteur; sa mère, J.; son frère et sa belle-sœur;
> sa sœur, ?-1929

Laurent Hébert, enseignant, 1898-1992
> Son père, Alix, artisan tanneur, 1866-1907; sa mère, Léonie,
> 1875-1960; sa première femme, Georgette, 1901-1950; sa fille,
> Paulette, pharmacienne, 1924-1997; son beau-fils, Pierre,
> administrateur, 1922-2008; ses petits-enfants : Laure (Loly),
> 1948-; Yann, 1952-2010; Gildas, 1955-

Illustrations

Correspondance

À Madame H***

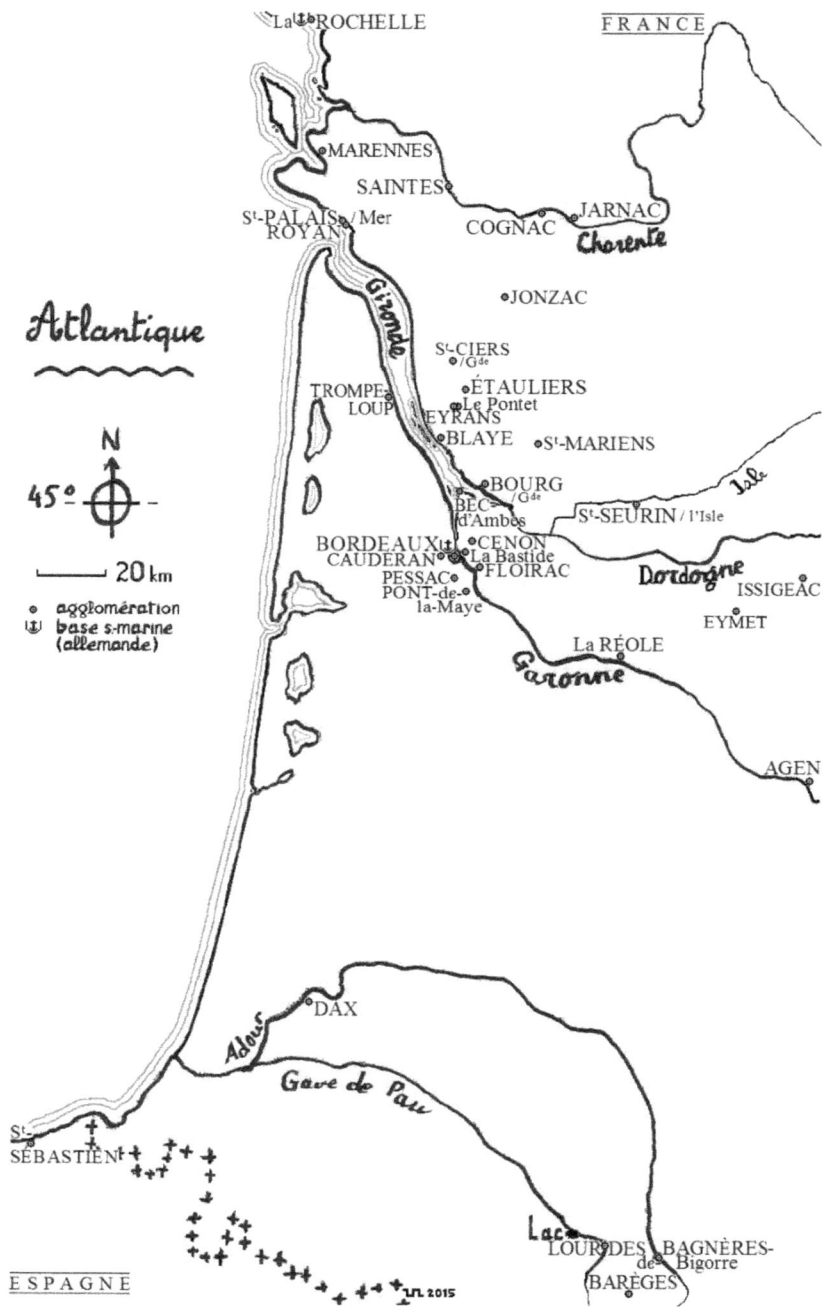

Le berceau de la Gironde
(sud-ouest de la France)

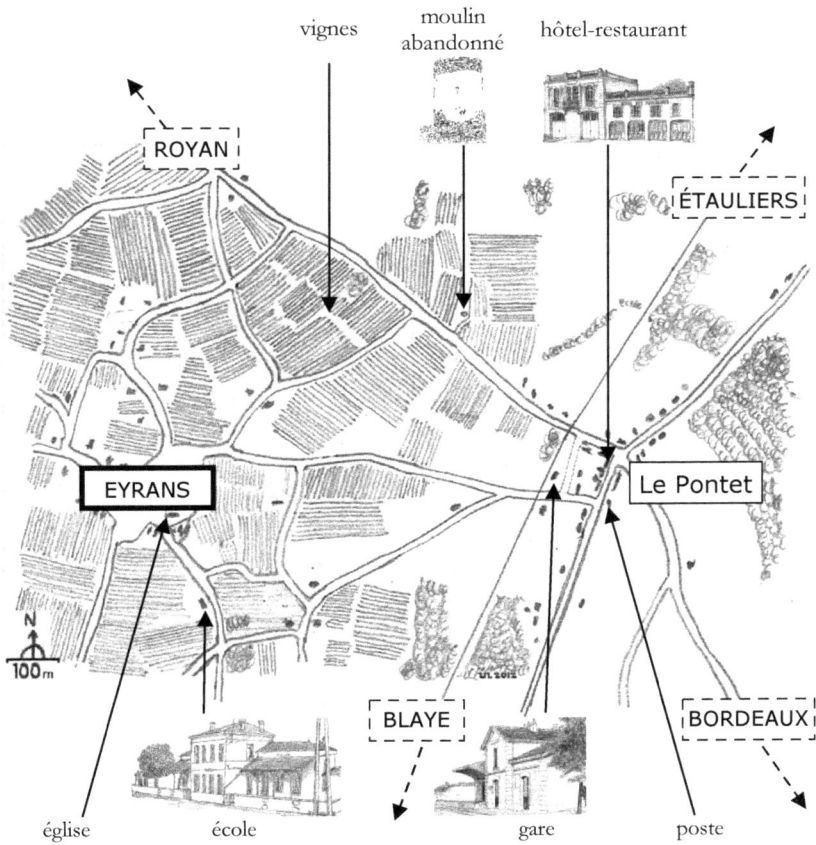

vignes

moulin
abandonné

hôtel-restaurant

ROYAN

ÉTAULIERS

EYRANS

Le Pontet

N
100 m

BLAYE

BORDEAUX

église

école

gare

poste

Aux confins du Blayais

PARTIE I

1

À Cenon (Gironde), quand on descend du tram à la station
Palmer, un peu avant le centre commercial de La Morlette, et
qu'on emprunte l'avenue Charles-de-Foucauld, c'est-à-dire une
petite rue rectiligne à sens unique, on se retrouve dans un
quartier de pavillons beige crème délimités par des murets et de
petites haies. Les rues sont vides et silencieuses, les jardins
déserts, et si les volets ne sont pas fermés, les fenêtres ont les
rideaux tirés. Une petite ménagère au pas précipité, une forme
silencieuse en *djellaba* ou un bolide faisant soudain un slalom
entre les voitures garées forcent le promeneur à se demander s'il
n'a pas vu des apparitions lorsque le calme revient. Il en est
ainsi des rues parallèles qui mènent jusqu'aux abords d'une
autoroute au bourdonnement analgésique.

Ce quartier n'existait pas il y a encore une soixantaine
d'années, à la fin de la Seconde Guerre mondiale. On avait alors
ici des domaines boisés appartenant à de grandes familles
bordelaises, héritières des grands vins et du commerce
triangulaire. Dans ces parcs qui formaient des bastions naturels
surplombant la Garonne avaient maintes fois résonné les échos
d'orchestres champêtres et de garden-parties. Les palais ayant
souffert durant l'Occupation, on dut vendre les propriétés telles
que le domaine Palmer et celui de La Morlette. Le domaine
Palmer fut acheté par la mairie et revendu avec ses chênes

3

centenaires à des promoteurs encouragés par de nouvelles lois qui allaient faire changer l'attachement des Français à la terre.

Dans le cas des onze hectares du domaine de La Morlette, ils furent cédés à l'Éducation nationale qui en fit aussitôt un centre d'apprentissage pour jeunes filles. Micheline Ponthier, une jeune enseignante particulièrement dynamique et au nom qui aurait pu être prédestiné, en avait présenté le projet à l'inspecteur d'enseignement technique dès la fin de la guerre, et trois ans plus tard elle était nommée directrice du nouveau centre. Elle avait alors à peine dépassé trente ans, mais elle avait déjà toute une vie derrière elle que son nouveau poste lui permettait d'oublier.

En poursuivant, donc, dans le prolongement de l'avenue Charles-de-Foucauld, on aboutit à la demeure de Mlle Ponthier, devenue depuis Mme Hébert. C'est une sorte de bungalow blanc au toit rougeâtre, avec garage attenant, et émergeant à peine de derrière un muret doublé d'une haie. Il semble avoir bénéficié côté jardin d'un solarium et d'une vaste salle de séjour. M. Hébert, Laurent de son prénom, aimait s'asseoir sur le petit banc au bord de l'allée, après son hémiplégie; c'est ainsi qu'il jouissait de ses derniers jours. M. et Mme Hébert ont passé ici ensemble de nombreuses années heureuses. Le délégué du ministre l'avait décrété à la fin de son discours d'inauguration du centre, en l'embrassant : « Madame, vous êtes une femme heureuse. » Et effectivement, elle faisait coup double en épousant quatre ans plus tard M. Hébert, son homologue de l'enseignement technique pour garçons, un collègue veuf qui l'avait invitée à un cinéma de Bordeaux, « en tout bien, tout honneur », et lui avait pris la main pendant la projection.

Mme Hébert vit aujourd'hui seule. Ses occupations, toutes simples qu'elles soient maintenant qu'elle a 93 ans, lui prennent facilement toute la journée, mais parfois elle trouve encore le moyen de jouer au Scrabble avec d'anciennes amies. Sa chambre réunit deux petites pièces dont les fenêtres encadrent son prie-Dieu, un legs précieux de ses parents. En se réveillant, le matin, Mme Hébert fait face à un grand miroir à multiples bordures reflétant à la fois murs et plafond, un remarquable cadeau de mariage, un peu rococo. Accroché au mur comme il est, il pourrait lui rappeler l'autre miroir qu'elle avait dans sa chambre d'institutrice célibataire; la nuit, du haut de l'école, il reflétait les incendies des raffineries de l'embouchure de la Garonne, dont les bombardements lui donnaient la colique.

La carrière de Mme Hébert a été décidée grâce à son instituteur d'Étauliers, dans le Blayais, lorsqu'elle reçut son certificat d'études. Depuis ce jour de juin 1928, alors qu'elle n'avait pas encore 12 ans, elle n'en démordit pas, sa voie était tracée. Quand elle parle de cette époque, elle écarte les bras, comme pour poser sur la table, clairement et fermement, les fondations de sa vie, car cette scène d'Étauliers doit marquer le début de ses mémoires professionnelles. Elle est d'autant plus déterminée de concrétiser celles-ci qu'elle éprouve un besoin primordial de mettre de l'ordre dans ses souvenirs personnels; elle l'a écrit quelque part en ces termes :

> « Ma mémoire est un labyrinthe dont je ne puis sortir; il me faudrait le secours du fil d'Ariane pour me guider dans ce dédale de routes tortueuses et trouver enfin la paix. »

Consciente de la contradiction de cette remarque émise dans un paisible quartier, Mme Hébert insiste aussitôt, en dépit de tout ce qu'elle a déjà fait pour la jeunesse, sur le fait qu'elle voudrait « apporter quelque chose aux générations qui [la] suivent … sur le plan psychologique et historique ».

Mme Hébert marque alors un temps d'arrêt... Comme si elle pensait à quelque chose... Elle revoit Étauliers... ses sœurs... qui lui apprennent à lire à 5 ans... *Le Petit Poucet*... et à coudre... Elle se plaint du froid quand sa mère la réveille pour aller à l'école : « Maman, vite, mets-moi les bas ! » … Toujours pas d'eau courante, pas électricité... Et toujours la panique qui fait office de discipline : « Je vais être en retard ! Je vais être en retard ! » Mais, arrivée toute pâle à l'école, hors d'haleine, les yeux et l'index de l'institutrice l'arrêtent net : « Tu n'as pas pris ton petit déjeuner ! Retourne chez toi ! » … Elle se rattrape en fin de journée à la cave, avec une tranche de pain tartinée à la crème du lait qu'on y conserve, et sur laquelle elle se râpe du chocolat – un régal !

Mais bientôt elle quitte ses poupées et ses lapins pour un collège de garçons à Blaye, à moins d'une vingtaine de kilomètres de chez elle, où les filles viennent juste d'être admises. C'est alors un état de disette perpétuelle; elle loge chez une vieille veuve dans une rue morne avec deux camarades, Raymonde et Jeanne, qui pleurent le soir, le nez collé à la vitre. Le père passe d'habitude le samedi matin au marché au poisson, et au port pour cueillir sa marchandise, si bien qu'il en profite pour la faire sortir. Ainsi, dès le premier samedi, elle trottine derrière lui en le suppliant de la remmener. Il fléchit et on finit par la faire rentrer à la maison les fins de semaine. Mais dès le lundi matin, c'est la même scène avec sa mère qui la reconduit au train de Blaye. Elle essaie de négocier : « Je te promets, je balaierai la cuisine, je laverai la vaisselle, je ferai tout ce que tu voudras… » Blaye – quatre ans d'exil.

Et à Bordeaux, à l'école primaire supérieure de Cheverus, les observations de l'époque pleuvent au hasard sur la classe : « Mais vous avez un cerveau de gélatine, ma pauvre fille ! » Ses oreilles en résonnent encore. C'était la hantise de passer pour mauvaise élève. Elle se réfugie bien le dimanche chez ses cousines à La Bastide, mais une fois interne en banlieue à l'école normale d'institutrices de Caudéran, même à 16 ans, ses sorties ne peuvent plus se faire que sous la surveillance d'un couple bordelais qui s'est offert comme correspondant, un veilleur de nuit et sa femme, des gens particulièrement dévoués pour l'emmener une fois par mois parfaire son instruction catholique. Heureusement pour elle, Micheline peut quitter l'internat un peu plus que quelques heures par mois grâce aux invitations d'une camarade, Gilberte, issue d'une famille protestante bien équilibrée, avec un fils à peine plus jeune, Guillaume.

Et c'est ainsi qu'elle se retrouva finalement institutrice de campagne à Eyrans, à quelque cinq kilomètres de sa maison natale. C'était en 1936. Elle ne se souvient pas de ses 20 ans d'alors, mais plutôt des cartes accrochées aux murs… des sabots des enfants en tablier… du bois à rapporter du chai pour allumer le feu une demi-heure avant les cours… du tuyau de poêle en diagonale à travers la salle… Trois cours en même temps… l'encre violette dans les encriers en porcelaine… Non, rien ne la préparait à une éminente carrière … dans un château.

*

Mme Hébert est donc fière de ce miroir pour lequel nombre de collaborateurs et d'élèves se sont cotisés, mais loin d'elle la vanité. Sa foi, humble et inébranlable, la maintient dans le droit chemin. Cela ne veut pas dire que Mme Hébert ne sache pas se rendre coquette quand elle reçoit; elle le fait sans effort, naturellement, avec un tourniquet de son ample chevelure argentée transformée en chignon, mais sans trop tirer les mèches pour ne pas accentuer la longueur de ses traits; elle portera aussi un petit collier et une bague ou deux qui, ensemble avec un chemisier et une veste choisis avec goût, détournent la vue de ses cannes ou de son déambulateur.

Avec, en plus de quelques menues tâches ménagères, des formulaires d'assurance, le suivi de ses dons de bienfaisance et d'autres affaires administratives et médicales, rien de bien compliqué au fond, elle le reconnaît elle-même, la journée de Mme Hébert est vite remplie, d'autant plus qu'elle doit se reposer l'après-midi, après le départ de l'aide-ménagère. Elle s'installe alors dans un fauteuil à bascule électrique, devant la télévision du salon, et au bout de quelques minutes de débats de l'Assemblée nationale, elle est en pleine sieste. C'est un repos préparatoire pour elle, elle le pressent, surtout quand elle se

8

trouve sur le point de plonger dans l'inconscience du sommeil, à ce moment très particulier qui lui fait se demander si c'est comme ça que se fera son passage dans l'au-delà. Sa foi la porte aujourd'hui plus que jamais, maintenant qu'elle est à la veille de retrouver, par la volonté de Dieu, son mari bien aimé. Par moments, surtout lors de revers, elle s'est sentie assaillie, défaite; jamais, cependant, elle n'est allée jusqu'au doute, il ne faut pas. Mais, honnête avec elle-même, elle se permet de temps en temps de sonder le fond des choses. Et malgré les volumes de religion de ses cinq ou six bibliothèques, les conférences, les pèlerinages à Lourdes et en Terre Sainte, et les chapelets et messes télévisées, elle reconnaît ne pas vraiment savoir et ne pas pouvoir se faire une image de l'au-delà. Le silence se fait alors dans la pièce... Ses lèvres se pincent ... son menton avance imperceptiblement ... et la pupille de ses yeux figés ... reflète un abîme noir ... insondable...

*

Étauliers encore... La quincaillerie-épicerie-mercerie Ponthier... Une caverne d'Ali Baba, sertie entre la rue Principale et la rue de l'Église... entre deux petits ponts... le long du ruisseau qui lui sert de douve... 1924... Une chambre... sa chambre... dans un labyrinthe de neuf chambres à coucher... traversées par un léger effluve de carbure et d'essence de térébenthine... Le sommeil ne vient pas... Du noir... Tout autour du noir... Une présence... une présence sans être une présence... Une présence sombre, vide... sans limite... Jusqu'où ?... Sans limite... Pour l'éternité... Du noir partout, à l'infini... qui appelle... qui attire... qui aspire... qui détache... qui déchire... Un vide, une solitude insoutenables... L'inconnu... un inconnu sans point de repère... Le temps n'est pas... Tout est fixe... immobile... les yeux, le regard... Deux grands yeux noirs... où viennent se vider l'espace, la chambre, l'infini... Deux yeux ronds, grand ouverts, implorants... Ils sondent, là-bas, les années-lumière... là-bas... La bouche paralysée, entr'ouverte... rien ne passe... Le « je » n'a plus de place, il se dissout... Et puis un cri, des pleurs, les sœurs en chemise de nuit accourent la rassurer : « Michou, Michou... » La crise passe... Mais après, quand l'instituteur ne parle plus des causes et des origines de la guerre de 14, Michou se retrouve face au vide, un vide astronomique : la terre, le soleil, les planètes, les étoiles... « Combien y a-t-il de planètes ? ... Quels sont leurs noms ? » Et les astres... des millions d'astres à concevoir... et à concilier, car il y a cette batterie de questions et réponses jeudi après jeudi, ce catéchisme qui résonne entre les piliers de l'église : « Qu'est-ce que Dieu ?... Combien y a-t-il de personnes en Dieu ?... Où est Dieu ?... Il est partout; donc, il est ici... Dieu a tout créé... »

La quincaillerie d'Étauliers

Les astres… l'infini… la nuit… Et le vertige recommence ! « Michou, Michou… Ne pleure pas, on est là… » L'Omega rejoint l'Alpha, elle écarquille les yeux… L'être et le néant sont là, palpables, ils sont en elle, elle les sent… d'autant plus qu'elle se sait un accident, le fruit du retour de guerre de son père malade, alors que lui et la mère avaient cessé d'avoir des enfants depuis 1902, quatorze ans plus tôt… « Une de plus » … en plus des trois sœurs et d'un frère maintenant bien minoritaire … car il y avait déjà la bonne, une fille aux pommettes saillantes, engagée à 13 ans par le père, et qui resterait à leur service près de trente ans…

Micheline ignore encore cette autre forme de hasard, ou de destinée, qui lui a fait échapper à la grippe espagnole. Mais le médecin, non, elle ne veut pas qu'on appelle le médecin – seuls l'instituteur et le curé sont ceux qui peuvent tirer tout ça au clair, pas le médecin… Et donc de nouveau, le jeudi, jeudi après jeudi, les dogmes du prêtre lui rappellent sa place, lui démontrent la logique…

Michou fit donc sa première communion en 1927, elle s'en souvient encore aujourd'hui. C'était à l'époque de la canonisation de Thérèse de Lisieux; elle se revoit encore avec les fillettes en train de jeter des pétales de roses devant la procession du Saint-Sacrement.

*

Tout ça, c'est çà et là, un peu partout, dans deux ou trois pièces, dans des albums, des enveloppes et des boîtes à chaussures. Il n'y a pas de photo de Micheline bébé ni de Micheline communiante; elle le regrette encore aujourd'hui. Elle n'apparaît qu'après plusieurs pages de photos en noir et blanc où les sœurs posent, d'abord une, puis deux, puis toutes ensemble en robes de mousseline fleurie, et bientôt avec des instruments de musique ou une montre-bracelet. Les parents, mariés à 17 et 28 ans, n'y sont pas souvent; quand ils y sont, ils ressemblent à une sculpture de bronze, avec le père derrière sa moustache à la gauloise, sous son canotier, et la mère presque toujours assise. Le frère n'apparaît que vers ses quinze ans, quand il pose placidement, comme pour un tableau, avec un Marocain en uniforme spahi qu'il a amené à la maison; plus tard, deux ou trois fois, un autre inconnu se tient derrière lui, tous deux aussi figés et inexpressifs l'un que l'autre; sa carte d'identité de 1941 ne lui donne que 1,61 m. Et puis il y a les photos des petits-enfants et arrière-petits-enfants de la première femme de son mari; il faut les classer, il y en a là, sur la table de la salle à manger, elle passe à côté chaque jour. Elle va les ranger bientôt, elle a déjà quelques nouveaux albums prêts à tout recevoir. Elle aime voir sourire ses petits-enfants, c'est bon de se sentir aimée.

Mᵐᵉ Hébert passe aussi de bons moments avec ses aide-ménagères. Elle les aime bien ces jeunes femmes. « Jeune » est une façon de parler, c'est relatif. Mais ces femmes en pleine maturité représentent les générations de jeunes filles qu'elle a dirigées avec tant de dévouement. Elle ne peut s'empêcher de les observer et de tirer des conclusions, à sa manière, toujours comme une directrice d'enseignement professionnel. La plupart du temps, ça se tient dans la cuisine, une petite pièce aux murs orange des années soixante, où à peine quatre personnes peuvent s'asseoir sous l'œil d'un crucifix. Mᵐᵉ Hébert écoute parfois ses aide-ménagères en levant les yeux par-dessus les lunettes, des yeux perçants, en forme d'amande noire.

L'autre jour elle a bien discuté du jeûne avec Fadila, la Marocaine, celle qui gare sa Mercedes blanche toujours exactement devant le petit portail et vient faire le ménage du matin. Mᵐᵉ Hébert aime apprendre sur l'Islam, c'est beau, elle le dit en baissant la tête; mais aussi, on dirait qu'elle s'applique à exercer sa tolérance par-dessus tout. Car enfin, la religion ne tue pas, au contraire, elle rapproche; la preuve : ses conversations avec Fadila. C'est par le Christ qu'elle accepte l'autre. Peut-être qu'à la Libération, lorsqu'on la placée dans les commissions d'épuration et aux conseils de discipline, en particulier pour les atteintes à la laïcité, Mme Hébert a pu se faire une nouvelle image du catholicisme et de la tolérance.

Mme Hébert est la tolérance même : « Ma foi, Yann, si tu te trouves heureux avec elle… » Car Yann, l'aîné de ses petits-fils, lui, il avait décidé, et il avait quitté sa femme pour une autre; c'était une question de bonheur, une question de santé. Et maintenant, il fallait aussi décider du protocole des photos dans les albums. Elle veut les monter à sa façon avant de les léguer à ses petits-enfants. « Et après… Bof, on pourra les brûler… »

Pour désembrouiller sa mémoire, ou peut-être pour faire écho à la biographie de son mari, mais en tout cas, certainement pour mettre les points sur les i, Mme Hébert a pris un « nègre ». Mais là encore, elle s'est trouvée insatisfaite. Cent une pages pour une vie, sa vie. Du vide et des banalités. Elle a fait quelques commentaires dans les marges, à la main; elle pourrait corriger les tournures, les pléonasmes et les clichés administratifs, mais son soupir trahit autre chose. Tout y est, sauf ce qui n'y est pas; il faudrait tout refaire. Et puis il y a les albums à préparer. Au fur et à mesure que son sursis se raccourcit, elle semble de moins en moins apte à décider et à se discipliner. Il n'est pas toujours facile de distinguer les moments clé d'une vie, les moments où une décision sème la peine, le bonheur ou l'émancipation. Ses mémoires relatent en effet son impuissance en tant que directrice au moment des révoltes de 68 et 72. Avait-ce été une question de tolérance, d'indécision, ou plutôt le fruit de manœuvres politiques de la part de ses homologues masculins ?

À la fin de la journée, le soir, lorsqu'elle rejoint sa chambre, fatiguée et seule, avant que tout ne redevienne noir, elle n'a pas de mal à éviter les échos de sa vie. Mais la nuit, si elle se réveille, alors, toujours à deux pas de ses boîtes de photos et de lettres, tout lui revient.

* *

2

Mme Hébert se réveille souvent la nuit. Peut-être que la maison est trop silencieuse. Celle-ci est tellement vide depuis le départ de Laurent. Un faible regain de conscience venu d'on ne sait où lui fait reconnaître sa place, son lit, le plan de la maison. Non, Laurent n'est plus là, à côté d'elle; ses photos, certificats et cadeaux se succèdent d'une pièce à l'autre. Ne lui avait-il pas promis qu'il serait toujours auprès d'elle ?

Tout est en ordre, comme il faut, et baigne dans un vide obscur, humide. La nuit est parfois longue, surtout cette vingt-cinquième heure, entre minuit et le moment où enfin le sommeil a raison d'elle. Mme Hébert change de position, se soulage tantôt une hanche, tantôt le dos, à la recherche d'un état propice au bien-être et au sommeil. Si pour le jour à venir elle ne peut se référer qu'à des activités routinières, souvent elle recourt à sa jeunesse, ou plutôt à une image de paix, presque toujours avec du soleil; mais, à ce détail, elle ne s'attarde pas. L'image se forme après qu'une sensation d'abandon l'imprègne, l'enveloppe, la cajole, lui fait revivre un de ces moments qui n'a ni commencement ni fin, connu seul d'elle. Quand elle en parle consciemment, elle le mentionne en relevant la tête. Ce genre de velléité, pourtant, n'a aucun rapport avec ce qui pourrait vraiment la préoccuper.

Photo : anonyme, copie J. L. F. Lambert, permise par M. H***

Micheline en Béret blanc
(Lourdes, 1933)

Ainsi, la vue spacieuse qu'elle avait eue un jour par une lucarne ouverte de sa maison natale lui revient facilement, en douceur. Elle s'était réfugiée par une fin d'après-midi d'été au grenier, avec un livre. Une vague odeur fraîche planait sur le village; le temps semblait figé, un peu comme à la seconde qui précède l'angélus. C'est alors qu'elle avait vu passer tranquillement, sans fin, à ses pieds, comme unique attraction de ce chemin de Saint-Jacques-de-Compostelle, une charrette débordante de foin, avec des jeunes gens assis dessus, qui balançaient leurs jambes nues. Il se dégageait de ce tableau non seulement une sensation de travail accompli, un peu comme on l'aurait aussi bien ressenti non loin de chez elle, aux abords des anciennes forteresses protestantes de Royan et de La Rochelle, mais aussi l'anticipation du repos bien mérité, et même d'une fête. Et au-delà de cette image millénaire, on pouvait palper le statu quo des traditions, la garantie que rien ne changerait.

C'est peut-être pour cela que par moments Mme Hébert pousse un soupir et détourne la poitrine. Semaines, mois et années s'imbriquent les uns dans les autres, tout en désordre. Il y a trop d'images et il n'y a rien à choisir dans l'avenir. Elle cherche à se blottir quelque part dans ce dédale de souvenirs, juste pour cette nuit, on verra plus tard pour le reste. L'époque déprimante des pensionnats surpasse en lourdeur les oasis de sa jeunesse, mais quand elle se souvient avec des mots, il n'y a pas d'adverbe d'intensité. Elle cherche malgré elle. Peu à peu elle évolue vers son grand point d'interrogation, une sorte de refuge encore, qui lui permet de revoir une ancienne décision, toujours la même, sous tous les angles possibles et qu'elle se conforte à justifier religieusement.

Oui, c'est comme ça, tel avait été son lot.

Ainsi donc, après l'école normale et toute une série de stages, il y avait eu le soleil de 36, juillet 36, une grande bouffée de soulagement, d'espoir, les études enfin terminées… Mme Hébert se détend, elle va peut-être se rendormir… Fin juillet, c'est bien ça; donc, elle était partie avec ses camarades de promotion à Saint-Sébastien, au Pays Basque espagnol. Elle revoit le car plein de jeunes femmes encadrées par le chauffeur et l'organisateur… leur arrivée à l'hôtel et le va-et-vient entre les chambres…

Loin de son village, dans une métropole aux consonances étrangères, Micheline faisait maintenant partie du monde. La Rhénanie et l'Abyssinie, objets de convoitise selon une T.S.F. tonitruante, n'avaient suscité ni haine ni intérêt… Et maintenant, ici, en Espagne, à travers cette même indifférence, tout paraissait aussi tranquille qu'en France, dans la France profonde. Mais quand, dès la première nuit, il y eut des coups de feu, on plia aussitôt bagage et proclama la neutralité française par un drapeau confectionné avec des habits. Le car passa ainsi à travers les points de contrôle, et avec deux réfugiés sous les banquettes. De retour à Bordeaux, personne ne les crut, mais son premier été d'émancipée lui avait fait découvrir un monde où l'on pouvait se sentir vivre.

*

À peine installée, cet automne-là de 1936 à Eyrans, à mi-chemin entre Étauliers et Blaye, dans un petit logement au-dessus de l'école, c'est-à-dire sur les hauteurs du Pontet-d'Eyrans, Micheline se trouva titularisée dès novembre, après un examen pratique. Elle avait dû vite aller chercher les sièges qu'elle avait oublié d'apporter de sa chambre pour l'inspectrice et ses deux collaborateurs. L'examen se passa comme sur des roulettes, avec une ingénieuse démonstration d'enseignement des formes géographiques au moyen de pâte à modeler sur un support bleu.

Ainsi, à peine à 20 ans, Micheline était enfin casée et commençait à rembourser ses études et à cotiser à sa pension de retraite. Elle entama sa carrière avec méthode et efficacité. Avec un cours préparatoire et deux cours élémentaires dans la même salle pour près de quarante élèves, toutes des filles, les programmes ne souffraient d'aucun relâchement. Et c'est par cette mécanique sécurisante que la routine et la lassitude s'installèrent. Les deux années qui suivirent se confondent ainsi l'une dans l'autre. Son collègue des cours moyens et son épouse qui occupaient le second logement du corps central de l'école lui manifestaient un soutien sincère. Cependant, enfants, parents d'élèves, un visage, une expression, une mèche de cheveux dans le vent, rien, aucun détail, aucune anecdote ne se détachent du tourbillon, si ce n'est à propos du tuyau de poêle qui s'effondra sur les bureaux, avant l'entrée en classe des enfants. C'est par cet incident qu'elle improvisa des classes promenades, avec cueillette de plantes et diverses notations à faire signer par les parents. Seul le B-A BA de la méthode alphabétique lui résonne encore dans les oreilles… au rythme de ses battements de cœur dans le silence de la nuit…

Certes, la famille à Étauliers était à peine à vingt minutes de bicyclette de chez elle, qu'elle faisait tous les dimanches, à Noël et à Pâques. Avec ses parents, ses sœurs et parfois un invité autour de la table, elle pouvait facilement oublier son isolement. Tout le monde parlait de tout, en français et en un patois qui faisait sourire, en particulier quand un voyageur de commerce se faisait conter la guerre de 14 par un ancien du village réconforté au chabrol.

De retour à Eyrans, elle retrouvait sa chambre. Petit à petit, avec l'habitude, le vide qu'elle avait ressenti en y pénétrant la première fois se dissipait. Aujourd'hui, Mme Hébert ne s'arrête pas à ce tournant de sa vie, alors qu'elle avait saisi d'un seul coup d'œil le maigre contenu de sa nouvelle chambre, et que les murs lui avaient renvoyé l'écho de ses pas. Mais, de par son travail acharné, elle n'avait pas eu le temps de sentir le vide revenir sous une autre forme.

L'école d'Eyrans

À Eyrans, donc, la nuit, au fur et à mesure que la pendule du rez-de-chaussée égrenait les heures, Micheline redevenait Michou, une autre Michou, une Michou qui avait fait du chemin et qui se demandait si ses aspirations ne l'avaient pas conduite dans un cul-de-sac. Avec ses sœurs enracinées à Étauliers et son frère casé dans les chemins de fer à Paris, tous célibataires comme elle, elle pouvait se prendre pour leur égale, mais c'est précisément cela qui lui donnait une sorte de malaise.

Le lundi, la semaine reprenait avec ses exercices répétitifs, avec les mêmes gestes, les mêmes têtes, les mêmes mots, les mêmes murs. Les enfants entraient en classe en chantant à huit heures et demie, on faisait la morale, on analysait une phrase au tableau et puis on passait à la lecture, à la dictée, au calcul et au reste, en alternant avec des séances ludiques, comme avec des puzzles de lettres en carton, destinées à occuper temporairement les niveaux non dirigés. À midi, quelques élèves restaient manger leur casse-croûte avant d'aller jouer dans la cour. Les classes reprenaient à une heure et demie, jusqu'à seize heures trente, interrompues par une récréation de trente minutes, comme le matin. C'était la même valse les jours suivants, les mêmes acrobaties et le même jonglage avec les trois niveaux différents, debout pendant six heures, sauf le jeudi et le dimanche.

Le soir, après la classe, il faisait bon de se griser d'un peu d'air frais en allant chercher du lait au bas du coteau, entre les vignes, chez une fermière, en direction du restaurant du Pontet. On aurait dit, à la voir, qu'elle pouvait humer le vent du large. Parfois, en chemin, elle se permettait d'observer du coin de l'œil une veuve de 14-18 qui rentrait chez elle avec de gros fagots sur le dos. Et puis Micheline revenait à l'école, faisait sa cuisine sur le poêle à charbon, et elle remontait dans sa chambre allumer son poêle à bois et préparer les cours. Les grilles de lecture des cours élémentaires et les cahiers du cours préparatoire la retenaient ainsi jusqu'à minuit, accompagnée des coups de pendule aux demi-heures.

Et le lendemain, ça recommençait. Par moments, elle n'en pouvait plus et elle conçut alors les classes de dessin, où chacun pouvait se laisser absorber par le détail, y compris elle-même. Et la tranquillité revenait sensiblement pour quelques instants. Dans les moments de chahut, elle retournait la situation en faisant écouter le silence à tout le monde pour relever, ici le bruit d'une mouche, là-bas le chant d'un oiseau…

Une fois les classes faites, une fois la matière enseignée, une fois la vaisselle rangée, il faut le reconnaître, la solitude revenait s'installer, bien douillettement, comme si elle cherchait à l'apprivoiser. Et dans le silence de la nuit, au cœur de cette campagne blayaise, toujours surplombée par l'immensité du même ciel moucheté d'étoiles, toujours les mêmes, il pouvait lui revenir alors une phrase de Pascal qui avait atténué ses angoisses : « Le silence éternel de ces espaces infinis m'effraie » – en somme, Micheline pressentait l'épreuve d'un grand chrétien; elle n'était pas si anormale, mais elle n'en était pas moins isolée du reste des humains.

Alors, Micheline s'accrocha aussi fort qu'elle put, aussi fort que sa foi le lui permit. Les jeudis, alors qu'il n'y avait pas de cours, elle descendait au Pontet prendre le train de Blaye, puis celui de Bordeaux, pour faire des courses et rencontrer quelques connaissances. Elle trouvait aussi un peu de chaleur humaine auprès d'un groupe d'enseignants catholiques qui organisaient des conférences et des journées universitaires avec office dans des cathédrales. Il faisait bon de se sentir entourée et soutenue par des gens de son âge et partageant les mêmes valeurs. Elle sentait enfin sa foi évoluer et grandir, en particulier lors de messes regroupant des milliers de participants comme elle. Oui, ces doux moments d'abandon lui reviennent… l'enveloppent… La foi, il n'y a rien de tel que la foi ! Elle s'assoupit… Enfin… la paix…

* *

3

Normalement, Mme Hébert se laisse aller à ses souvenirs sans trop d'ordre, d'une année à l'autre, surtout la nuit. Maintenant, depuis que je dois venir lui rendre visite, précisément à propos de ses souvenirs, elle commence à les ordonner et à les revoir. Elle les revoit aussi l'après-midi, au moment de sa sieste, après avoir repassé dans sa tête les préparatifs de nos entretiens. Fils d'un ami d'enfance de son mari, je suis passé prendre de ses nouvelles voilà deux ans; les souvenirs ont fait surface et on a convenu qu'elle avait bien un message pour la postérité, mais sans trop nous attarder sur sa définition. Il y a quelque temps déjà, un de mes carnets de voyage écrit en hommage à mon premier professeur de latin lui a plu et elle m'a donc invité à refaire ses mémoires. Mais maintenant, en arrière-pensée, elle doit se demander si je saurai bien les rendre, bien traduire ce qu'elle veut.

Quand l'aide-ménagère arrive, Mme Hébert lui organise le travail tout naturellement, et rien ne lui échappe. Aujourd'hui, donc, il est temps de prévoir une réserve de plats congelés pour mes visites. C'est pratique, il y a un épicier qui fait ses livraisons une fois par semaine, après avoir reçu la commande au téléphone. Quand la commande est passée et la dernière fournée de linge lavée, repassée, pliée et rangée par l'aide-ménagère, Mme Hébert n'a plus trop envie de déjeuner, car toute cette supervision la fatigue; mais il faut bien se nourrir un peu, surtout pour le cachet qu'elle doit prendre avant de manger et qu'elle avale d'un air absent.

L'après-midi, enfin, c'est le repos, l'aide-ménagère est partie, Mme Hébert s'installe dans son fauteuil. La télévision, il lui faut la télévision pour se reposer. Aujourd'hui, il n'y a pas encore de débat, elle passe d'une chaîne à l'autre; girafes, pêcheurs et montagnes se succèdent. Et puis il y aussi un de ces romans feuilleton plein de complications et de trahisons. Des trahisons… Les acteurs se ressemblent trop… les scènes s'embrouillent au bout de quelques minutes… Ah, oui, et puis les trahisons, on s'y perd… Il y a trop de noms… Qu'en savent-ils, ces acteurs, des trahisons ?…

Ah, 1937… Pâques… le train avec ses coreligionnaires… les journées universitaires de Paris… Le Paris du Front populaire, à deux mois de l'Exposition universelle… Les hommes étaient descendus à un hôtel voisin de celui des femmes, et tous ensemble ils déjeunaient, assistaient à des conférences et à des messes, et ils visitaient des monuments et des musées, dont le Louvre qui venait d'être rénové. Les femmes tournoyaient autour d'un des instituteurs qui semblait les attirer comme un aimant. « Jean » par ci, « Jean » par là – grand, charmant, cultivé, on se bousculait pour les photos du groupe… Quel tourbillon !… Et quelle trahison !

De retour à Eyrans, Micheline reçut tout naturellement son lot de photos en souvenir, mais aussi un petit mot de Jean… qui l'invitait à le retrouver… Jean, lui, oui, c'était bien de lui… Ils eurent donc un rendez-vous galant pour la fête du 1er Mai, à Bourg.

Mme Hébert revoit encore ce vendredi ensoleillé. Les traits de Jean ne lui reviennent pas, mais elle se souvient du débit de sa parole qui l'entraînait. Ils avaient déambulé à travers les petites rues jusqu'à l'esplanade qui avait dominé jadis la confluence de la Dordogne et de la Garonne. Puis, ayant descendu les marches menant au port, hors des fortifications, ils s'étaient assis sur l'herbe, un peu à l'écart, au bord de l'eau trouble, d'où l'on ne pouvait que deviner les dégâts causés par une grande marée à peine quelques semaines plus tôt.

Au bout d'un silence, Jean s'était penché sur Micheline et elle s'était détournée. L'acte avait bloqué le temps, comme d'un coup de poing. Ainsi, dès le début, il y avait eu un malentendu, il manquait quelque chose, Jean brûlait les étapes. Ils rentrèrent ensemble à Blaye, en autocar, un peu moins loquaces qu'au début : « À bientôt…

— À bientôt. »

Ces mots machinaux avaient engagé leur parole et quelques temps après ils se retrouvèrent de nouveau. Cette fois-ci, leur langue se délia et leurs rendez-vous se transformèrent en longs entretiens. Ils se découvraient l'un l'autre indirectement, à travers leurs vues sur la littérature, en tournant autour du pot, en évitant poliment les questions personnelles. Cependant, Jean s'était montré trop habile dans ses compliments quand il lui avait déclaré : « Micheline, vous êtes une source d'eau fraîche. » Elle n'y était pas habituée et n'avait su comment réagir. Elle ne se sentait pas du même niveau, mais la phrase lui était restée, elle avait paru sincère. Bientôt la fougue de Jean reprit le dessus et il commença à s'impatienter. Micheline l'idéalisait depuis le début et il s'en rendait compte. Avec les derniers romans de Mauriac à l'appui, il avait essayé de lui démontrer que le romantisme n'était qu'une illusion. Voyant par là un moyen d'éviter de se faire conter fleurette, elle s'était lancée dans les livres de Mauriac. Elle passa ainsi chaque instant libre, le soir avant de se coucher et les fins de semaine, avec un Mauriac entre les mains. Malheureusement pour eux, elle en fut si bien détournée qu'un fossé commença à se préciser entre leurs opinions et que les discussions s'érigèrent en débats. C'est à partir d'une simple question, « Peut-on aimer sans estimer ? » que Jean se dévoila au cours d'une démonstration, quand il en arriva à déclarer que, bien qu'ayant déjà une liaison avec une femme mariée, cela ne l'empêchait pas d'apprécier la « candeur naïve » de Micheline. Sur le coup, ce fut comme si on l'avait arrosée d'eau froide. Il lui manquait des points de repère, elle avait cru savoir quelle était sa place, mais à partir de ce moment-là, elle ne comprit plus ce qu'elle représentait. Ou plutôt, elle se mit à comprendre autre chose. Comme pour ses parents, la vie devait être insufflée par un amour menant au mariage et aux enfants. Le reste, elle ne connaissait pas; les intrigues et les élans passionnels, ça appartenait aux tragédies classiques. Et ainsi, Micheline et Jean se revirent de moins en moins souvent. Pour elle, ce fut un revers dont elle fut longtemps affectée; le mot « échec » résonne encore en elle.

L'été suivant, alors qu'elle portait encore le poids de sa douleur, Micheline devait subir un autre revers. Ça avait commencé presque de la même façon, sous un feu d'artifice, et ça s'était terminé dans le feu.

Depuis quelques années, déjà, Micheline passait une partie de ses vacances en bordure de Royan, à Saint-Palais-sur-Mer, à la maisonnette que son père avait construite avec un ouvrier maçon, dans un bois de pins, à cent mètres de la plage. Elle pouvait ainsi rendre visite à Gilberte, son ancienne camarade de l'école normale, qui passait ses vacances avec ses parents à Royan même. Ensemble avec Guillaume, ils étaient comme frère et sœurs, et s'invitaient chacun leur tour chez leurs parents respectifs. Au fil des années, cependant, Micheline avait eu l'occasion d'échanger quelques idées avec Guillaume, et elle avait compris qu'elle devait se tenir sur ses gardes, car elle avait déterminé, tout comme ses parents, que celui-ci était un peu trop relâché en matière de religion, qu'il n'avait pas le même genre de spiritualité. Mais c'est précisément l'intervention de ses parents qui l'avait rendue furieuse et elle avait abandonné la discussion en claquant la porte.

Cet été-là, toutefois, Guillaume, maintenant beau gaillard, lui avait pris la main à la faveur de l'obscurité, pendant un feu d'artifice; ça avait dû être pour le 14 juillet de 1938. Comme elle n'avait pas réagi, elle l'avait entendu chuchoter : « J'ai gagné ! »

Bien qu'elle n'eût pas éprouvé de sentiment amoureux envers lui, elle n'avait pas retiré sa main, si bien que, un peu à retardement, elle se sentit coupable.

« Tu ne le reverras plus, » se dit-elle le lendemain en le regardant regagner sa caserne.

D'où pouvait lui provenir cette idée ? Certes, le monde paraissait s'enliser dans un imbroglio international, on avait entendu un peu partout parler de mobilisation générale ou partielle, en particulier depuis la crise des Sudètes, et on se demandait si l'Italie n'avait pas de visées sur la Tunisie, mais tout cela devait bien être du tapage de quelques manipulateurs d'opinion, et l'idée de Micheline de ne plus revoir Guillaume était totalement indépendante de son poste dans l'armée de l'Air.

Toujours est-il que Guillaume lui envoya bientôt une lettre qu'il terminait en lui demandant une mèche de ses cheveux. La réponse de Micheline fut brève et sans équivoque : elle ne partageait pas ses sentiments et ne le reverrait plus. Quelque temps plus tard, cependant, elle reçut une lettre de Gilberte qui commençait ainsi – elle se souvient de chaque mot : « Depuis huit jours je n'ai plus de frère… » Guillaume avait péri dans l'écrasement de son bombardier, en Algérie. Micheline en eut un choc des plus profonds, qui la poursuit encore avec des images d'explosion et de flammes : « Oh, la-la… ».

*

Mme Hébert détourne les yeux, soupire…

Que de choses à mettre en ordre… Toutes ces vies qui surgissent encore par moments… Que de poids, que de lourdeurs…

Ce jeune homme qui doit remplacer le « nègre » (c'est-à-dire moi), saura-t-il comprendre, pourra-t-il saisir ? Et s'il faussait le sens qu'elle entend donner à ses souvenirs ?…

Et la télé continue de jouer… et Mme Hébert est maintenant en pleine sieste…

* *

4

Quand j'entre en scène, Mme Hébert, par l'inclinaison de sa tête et surtout par son recul pour me laisser entrer, m'offre, malgré son âge, une légère expression de timidité. De manière générale, elle n'a pas changé depuis la dernière fois, il y a deux ans. Je me dis qu'au fond elle a du cran pour choisir un étranger à sa famille et reprendre ce qui n'a pas transparu dans la première version de ses mémoires. Si Mme Hébert m'a choisi, ça doit être parce que les petits-enfants de son mari, Laure, Yann et Gildas, n'ont pas le temps de relever sa vie. Ou peut-être ne veut-elle pas les compromettre alors qu'ils connaissent parfaitement les détours de sa vie et que pour leur propre mère, du moins au début, elle fut « l'autre ». Et si moi j'ai accepté, c'est parce que son choix des souvenirs, ou plutôt ce sur quoi elle s'est attardée la première fois, m'a particulièrement intrigué lorsqu'elle me l'a raconté. Mais ce qui dirige à proprement parler son choix de souvenirs m'échappe, je n'y prête pas attention pour le moment. Dans ce contexte, son lien avec mes parents ne peut être qu'une coïncidence.

Comme on vient de le voir plus haut, si on prend son histoire de manière rectiligne, elle se termine en queue de poisson, à la Hollywood : elle se maria et vécut heureuse. Par contre, si on observe et étudie le contexte actuel, c'est-à-dire l'aboutissement de la vie de Mme Hébert, à la lumière du passé et le passé à la lumière du présent, tout en faisant les corrections nécessaires, le barème des valeurs n'est plus le même, il déroute, et ce, alors que ces mêmes valeurs sont ce qui fait que sa vie lui a valu la peine d'être vécue. Et c'est par cette antinomie et, certainement aussi pour moi, pour une question de liberté individuelle, qu'ensemble nous avons estimé que sa modeste histoire pouvait transmettre une douloureuse leçon de tolérance et de relativité. Évidemment, je ne m'en rendis pas compte aussitôt. Les premiers jours du récit ne sont pas chronologiques, je laisse Mme Hébert sauter d'un événement à l'autre, ce qui me permet de juger de leurs proportions dans sa mémoire pour ensuite travailler les lacunes lorsqu'on reprend le tout dans l'ordre. Elle ne me donne pas tous les noms et je n'insiste pas.

Donc, ce premier matin, nous mettons au point les modalités de nos rencontres et je respecte sa volonté de ne pas être enregistrée au magnétophone. Je viendrai le matin, je prendrai des notes par écrit, je déjeunerai avec elle et je repartirai mettre au propre ses déclarations. Le lendemain, avant de commencer, nous pourrions revoir les notes de la veille. En gros, je serais un observateur en rétrospective, d'autant plus objectif que je suis conscient du phénomène de Copenhague selon lequel toute expérience dépend de l'observateur.

C'est en fonction de ces paramètres que les jours suivants je pus relever tout ce que je viens de relater depuis sa naissance.

*

Nous revoilà donc face à face dans la cuisine de Mme Hébert... 1936... 37... 38...

1939... Comme sa sœur Marcelle allait se marier et déménager, c'était le moment pour Micheline de demander une mutation, de déménager elle aussi, de rester proche de sa sœur qui, pourtant, était athée. Le mariage eut lieu à Pâques, mais en juin, alors que Micheline avait été déléguée dans une autre commune pour corriger des examens, il y avait eu une pétition qui circulait pour demander l'expulsion de l'observateur des écoles privées pour les corrections qui, en fait, portaient aussi bien sur les travaux des élèves des écoles privées que sur ceux des écoles publiques. Le droit de regard d'une « grenouille de bénitier » de l'école privée semblait mettre en doute l'intégrité des correcteurs de l'école publique mais, ayant remarqué qu'un de ses collègues donnait une note inférieure aux candidates portant un insigne religieux, Micheline se référa à la loi qui permettait une telle surveillance, et elle refusa de signer. Au déjeuner, elle ressentit vivement l'hostilité de ses collègues et, de retour à sa place pour la reprise des corrections, la pétition y était, avec les signatures de tout le monde, sauf de la sienne qu'elle n'apposa toujours pas.

Convoquée par la directrice du groupe scolaire, elle apprit que sa prise de position avait été rapportée à l'Inspection académique et que sa mutation était compromise. Ce n'est qu'après maintes justifications, et certainement diverses tractations, que la mutation fut approuvée pour le chef-lieu de canton, à Saint-Ciers-sur-Gironde, précisément où habitait Marcelle. La condition principale était qu'il lui serait interdit de rencontrer du personnel des écoles privées.

À la fin de l'été, cependant, alors qu'elle était chez ses parents, ceux-ci reçurent une carte du fils faisant état de la mobilisation. La France entrait en guerre, les mutations étaient annulées, et Micheline restait à Eyrans. Elle acceptait sa destinée et, paradoxalement, en dépit de tous ses efforts, mais après quelque temps de réflexion, elle s'en trouva soulagée.

Le frère de Micheline à leurs parents (Paris, lundi 28 août 1939; carte postale) :

Paris le 28 août 1939

Chers Parents

Je n'ai pas besoin de vous dépeindre l'anxiété des Parisiens. Elle doit être la même partout.

Le spectacle des gares encombrées de réservistes qui rejoignent leur corps est profondément triste.

Plusieurs de mes collègues ont

E. BAUDELOT & CIE, Impr., 41, avenue Reille, Paris (XIVᵉ).

été appelés. Ceux qui, comme moi, resteront au chemin de fer devront sans doute quitter Paris.

Je voudrais bien avoir de bonnes nouvelles à vous apprendre mais on n'est pas mieux renseigné ici qu'ailleurs. Nous attendons.

Je vous embrasse tous affectueusement

Rponthier

* *

5

La guerre était là. Villes et villages se vidèrent des hommes jeunes. Le silence dans les rues, l'inconnu, les restrictions s'installèrent. On ne savait trop croire de la radio. Avait-ce été ainsi en 14 ? Cette fois-ci, les jeunes n'étaient pas partis la fleur au fusil.

On attendait.

Rien de concret ne se passait.

Le temps semblait s'être arrêté.

La maison du bord de la mer, près de Royan, à Saint-Palais, fut réquisitionnée. À l'école, on ne put éviter de parler du front. Au fur et à mesure des semaines, et à l'approche de l'hiver, on réunit des lainages et des objets qu'on imaginait pouvoir réconforter les soldats. Finalement, on fit des colis qu'on envoya avec des cartes de vœux découpées par les enfants et sur lesquelles ceux-ci avaient dessiné des sapins et écrit quelques mots. Décembre s'annonçait très froid et on espérait que les envois arriveraient avant Noël.

Et effectivement, dès le début de l'année suivante, Micheline reçut deux lettres de remerciements d'un lieutenant d'infanterie.

*

Pendant que nous mangeons face à face à midi, Mme Hébert me donne des précisions sur le lieutenant et elle m'offre sans aucune gêne de me montrer les lettres. Là, je propose un autre verre de rouge. Ainsi donc, après le dessert, elle m'entraîne à petit pas dans un genre de buanderie, entre le garage et le vestibule qui mène au salon. Là sont des boîtes et des papiers sur lesquels elle se penche avec précaution et, presque sans hésiter, elle retire une sorte de boîte à chaussures d'un bleu fané qu'elle me tend. Elle me conduit ensuite dans une chambre transformée en bureau, elle remonte le store, et là, elle soulève le couvercle en me révélant lettres et papiers jusqu'aux trois quarts de la boîte.

Ses secrets étaient là, elle les avait gardés en toute légitimité et en toute quiétude, avec l'assentiment de son gentleman de mari. Moi qui m'étais débarrassé de tant de lettres dans ma vie pour tourner une page ou changer de chapitre, je me demandai si je n'avais pas fait une erreur. Étais-je moins sensible et plus froid qu'elle ? L'avais-je mal interprétée dans sa retenue ?

Elle se met à trier quelques papiers en marmonnant quelques mots et me sort la carte postale que son frère avait envoyée à leurs parents. Et puis elle me tend les lettres du lieutenant. Le lendemain elle me laissera éplucher et photographier cette correspondance pourtant si personnelle. Finalement, les jours qui suivront, elle me laissera seul. Je pouvais ainsi décider moi-même de la valeur des textes pendant qu'elle faisait sa sieste dans le salon, je pouvais tourner et retourner entre mes doigts ces papiers qui avaient été porteurs de tant d'espoir et d'émotion dans un passé maintenant si proche. Des petits mots, de longues lettres, une enveloppe belge avec la croix gammée de la censure allemande, des signatures, des dates, tout était là depuis près de soixante-dix ans. Était-ce possible que la vie eût pu reprendre là où elle s'était arrêtée, dans un nouvel univers ?

Un lieutenant aux élèves de Micheline : remerciement des cadeaux
(Aux Armées, mardi 26 déc. 1939) :

Le Front le 26 décembre 1939

Mes chères enfants,

Mes enfants, je vais vous raconter une bien belle histoire qui vient de nous arriver à nous soldats dans un coin où les heureux événements sont plutôt rares.

Le 24 décembre, au matin à quelques kilomètres en arrière quelqu'un me dit : « Il y a des colis de Noël pour votre bataillon il faudra les emporter ! » – Bien sûr que je n'allais pas les laisser les colis de Noël !

Et me voilà parti à compter, à regarder, à palper au travers des papiers et des toiles pour essayer de deviner quelles pouvaient bien être les surprises cachées dans ces paquets un peu salis par les longs voyages, mais bien tentants tout de même.

Je fais charger mes paquets et en route vers les camarades.

Oh, ils sont bien loin de vous, les camarades ! Ils sont . là-bas dans un grand bois tout noir hier, mais tout blanc et tout bruissant de givre aujourd'hui. – C'est bien joli, vous savez, le givre, mais ça n'est pas bien chaud quand il faut vivre dans le bois et qu'à chaque minute le moindre souffle vous envoie traitreusement une multitude de petites aiguilles glacées dans le cou et sur les oreilles.

Donc, j'arrive bientôt dans le grand bois de hêtres et de chênes, porteur de quelques colis qui me semblent plus précieux que les autres et dont

= = = = =

le plus gros, bien empaqueté et bien ficelé porte l'inscription
suivante « École de filles d'Eyrans – Gironde », et en entrant
dans le bois je m'écrie en avançant dans l'étroit sentier durci
par le gel :

— Allons les gars ! voici le père Noël »

J'aurais voulu que vous les voyiez alors, ces mal rasés et
les barbus, emmitouflés et lourds, sortir de leurs abris de
bûches et de terre accourir encore tout engourdis vers moi

« Je les répartirai tout à l'heure avec ceux que j'ai laissés
à la station ! (c'est une gare isolée où les trains ne passent
plus depuis longtemps et qui nous sert de remise) »

~~Et~~ Je m'enfonce dans mon logis à moi dans un trou creusé
en pleine terre et recouvert de gros troncs d'arbres et
d'argile, et me voilà lancé après les colis.

Un moment après quand j'ai averti tous les soldats je
partage mes colis. Oh ! je n'~~aivais~~ pas emmené tous ceux qui
auraient voulu venir. D'abord ils sont 800. Et puis l'ennemi
est tout proche, là.bas, vous voyez en bas du bois, de l'autre
côté du petit ruisseau, à quelques centaines de mètres à peine
et il faut veiller attentivement et se montrer le moins possible.
J'emmène donc quelques hommes qui toucheront pour tous
les autres..

Un grand papier par terre et allons-y. Tiens ! un joli
briquet ! évidemment tout le monde veut l'avoir –

De bonnes chaussettes avec un paquet de mots croisés !
comme c'est gentil cette idée ! Une autre paire de chaussettes
avec un jeu de cartes ! Quelle aubaine !

Et un cache-nez et des livres et encore autre chose etc. etc.

= = = = =

Je suis serré, je vais être etouffé, je suis obligé de me fâcher.

Et ainsi pour tous les colis tandis qu'autour de moi les cris fusent : des oh ! des ah ! des "regarde donc !" des "c'est chic tout de même", "oh les braves enfants !' Oh les aimables personnes etc. etc. et je dois dire que plus d'un de ces hommes pourtant durcis par la fatigue écrase une larme du bout de son gros doigt quand je montre les petits cartons si gentiment décorés de sapins et de lapins qui accompagnent l'envoi. Je dois avouer que je suis sans doute le plus ému de tous, car je ne suis pas toujours soldat et à cette minute je revois mes élèves, là-bas dans ma classe poitevine, mes garçons et mes filles et je suis doublement heureux en songeant que dans nos écoles nos élèves pensent aux soldats pour qui la vie est si pénible loin de la famille, loin du village.

Voilà mes enfants ce que je voulais vous dire – Je voulais vous dire que votre colis est arrivé, qu'il a fait plusieurs heureux et je voulais surtout vous dire merci.

Merci pour tous ceux que vous avez gâtés – merci pour tous, car ils ne vous écriront peut être pas, ils sont si mal installés, ils sont si fatigués en ce moment dans leurs trous du bois etc dans les tranchées en face de l'ennemi.

Merci pour vos cadeaux.

Merci pour vos bons vœux et vos Joyeux Noël !

Je voudrais pouvoir vous remercier toutes mais les cartons sont partis avec les cadeaux.

= = = = =

*J'en ai cependant gardé un pour avoir au moins un
nom : Marie Saulnier âgée de 10 ans au Pontet Eyrans
(Gironde) Cette aimable fillette a signé avec un certain
Etienne, son frère sans doute, un bien mignon garçon que
nous remercions de son "Joyeux Noël – Merci encore. à
toutes celles dont je n'ai pas le nom et bonne année à tous les
élèves de l'École d'Eyrans à leur maîtresse, à leurs familles.*

D***

*Lieutenant A*** D*** — 151ᵉᵐᵉ Régiment d'Infanterie
3ᵉ Bataillon — Secteur Postal 1S3
Instituteur à **** (****)*

Le lieutenant à Micheline : remerciement des cadeaux des élèves (Aux
Armées, mardi 26 déc. 1939) :

Le Front 26 décembre 1939

Mademoiselle,

*Je viens vous annoncer l'arrivée d'un colis expédié par
vous et vos élèves et qui nous a rejoint sur le front d'Alsace-
Lorraine. Je suis l'officier qui a perçu et réparti le colis. Il se
trouve que je suis instituteur et je voudrais vous dire combien
j'ai été personnellement touché et beaucoup plus comme
instituteur que comme soldat de votre généreux envoi, vous
savez combien tout ce qui vient de l'école nous touche.*

*Merci au nom de tous les hommes que vous avez gâtés !
Merci surtout pour les livres. Je ne les ai pas encore
distribués; ici les hommes sont trop exposés, ils ont trop peu
de repos, trop froid, ils sont incapables de lire, mais ces
livres seront bien précieux quand, bientôt, nous irons au
repos. Ils aideront à chasser l'ennui, ils aideront surtout à
penser un peu, ce qui n'est pas facile dans les périodes de
front où la vie matérielle et surtout la défense de la vie seules
comptent.*

*En toute sincérité je puis vous assurer que ce que je
raconte à vos enfants est exact que nos hommes ont été ravis,
émus d'une façon si simple, à la manière de grands enfants
qui se réjouissent de tout geste de sympathie et de générosité*

= = = = =

Voyez-vous ce qui nous manque surtout ce n'est pas le côté matériel bien que cela semble dur à beaucoup. On se fait vite à la rude vie que nous menons; on s'habitue à manger n'importe quoi et n'importe quand à dormir tout habillé n'importe où; on s'habitue mal à vivre loin des siens, loin des amitiés, loin de tout ce qui est la vraie vie et d'une valeur morale. C'est pour cela que nous apprécions encore plus que les cadeaux la pensée qui les accompagne.

Merci encore à vous, à vos élèves au nom de tous les bénéficiaires.

Et recevez de moi-même mes hommages reconnaissants.

D***

Lieutenant D*** aux armées

151ème Régiment d'Infanterie

3e Bataillon Secteur Postal 163

En temps meilleur : Instituteur à **** (****)

Micheline répondit aussitôt au lieutenant, instituteur dans le civil. Et bientôt, un jour de neige et de givre, elle reçut une réponse qui fut le début d'une correspondance assortie d'autres colis et où le lieutenant, après dix ans de mariage, faisait le point sur sa vie. Ils discutèrent ainsi de valeurs, d'humanité et de paix jusqu'au 25 avril 1940, date de la dernière lettre du lieutenant, car deux semaines plus tard, les Allemands passaient à l'offensive.

Le lieutenant à Micheline : appréciation de sa vision (Aux Armées, dim. 21 janv. 1940) :

Le Front le 21 janvier

Mademoiselle,

Votre lettre m'est parvenue ou plutôt elle m'attendait ici à mon retour de permission J'arrivais le cœur un peu lourd, après avoir passé une douzaine de jours dans la joie de la vie familiale retrouvée et aussi dans l'appréhension du départ toujours plus proche. J_e venais de quitter ma femme, mon fils de 5 ans et un gros bébé de quatre mois qui commençait à me connaître et à m'envoyer des risettes. Vous comprenez qu'on ne laisse pas tout ce qui vous attache à la vie, le cadre que l'on s'est fait, le nid qu'on a construit après des années de travail

- - - - -

de soucis et ceux qui l'animent sans qu'un déchirement atroce ne vous atteigne. C'est dans ces conditions, qu'après un voyage pénible et des tribulations sans fin jusqu'à la première ligne j'ai trouvé votre lettre – Je vous assure qu'elle a été pour – moi un réconfort certain et je vais vous dire pourquoi – (A ce sujet je ne voudrais pas écrire des choses ridicules, ou si je les écris soyez indulgente).

Votre lettre m'a plu parce qu'elle m'a ramené à une époque de ma vie où je croyais à bien des choses, à la Justice, à la bonté aux hommes (vous voyez je commence à devenir idiot) – J'avais 22 ou 23 ans. Alors, et ma femme était encore plus enthousiaste plus éprise d'idéaux que moi – Alors que j'avais des heures de septicisme, elle, <u>croyait</u> – quelle confiance, quelle fraîcheur, quelle générosité !

= = = = =

*2   Depuis 8 ans elle a bien changé –. De déception en
déception, après la dernière chute si rude de septembre
dernier, toute sa belle confiance s'est écoulée et ell il semble
qu'il ne puisse en être autrement. A l'heure actuelle celui qui
a encore du courage et de l'espoir, c'est moi, moi qui suis
dans la bagarre et quelle bagarre !*

*Oh non pas que le danger soit extrême, ici ou nous veillons
plus que nous ne nous battons, mais quoi de plus déprimant
que ces villages déserts, vides et silencieux, que ces maisons
aux meubles vides et renversés, que ces jardins sans vie, que
cette neige qui ne s'arrête pas de tomber, ces villages .et ces
jardins et ces rues où l'on ne peut évoquer la présence des
enfants que par les jouets brisés et déchiquetés épars sur le
sol et dans les locaux, les lits et les berceaux renversés*

- - - - -

*éventrés, piétinés – Comment voulez-vous vous accrocher à
l'espoir après tout cela - . – Alors nous devenons mauvais,
haineux – d'autant plus que nous avons l'impression, qu'à
l'arrière on s'est égoïstement installé dans la guerre; tout au
moins ceux qui ne sont pas touchés -. Vous comprenez . que
votre lettre, dictée par une âme généreuse et délicate a été
pour moi un rayon de soleil dans la tempête –(j'écris
vraiment comme un sabot ! qu'un homme est donc maladroit
pour exprimer ses pensées.*

*Vous pourriez faire comme tant, nous ignorer vous
contenter de svos soucis et de vosx peines ! Non, vous venez
vers nous, vous pensez à nous, vous vivez un peu nos peines.*

*Une phrase . m'a surtout plux. « préparer un après digne
de nos sacrifices. » - Oh . comme je souhaite ~~qu~~, pour tous
ces jeunes hommes*

= = = = =

3)   désabusés avoir d'avoir cru, tous ces hommes .
qui reviendront le cœur amer et sans foi, comme je souhaite
qu'il y ait̶ de part̶ la France beaucoup de Micheline Ponthier
pour leur préparer cet après qu'ils espèrent tant, qui leur
donner̶o̶n̶t̶ la force et le goût̶x̶x̶ de vivre et de travailler
*   Voilà pourquoi je tenais à vous remercier*
*   Parce que vous m'avez rappelé une heureuse période de*
ma vie, parce que vous n'êtes pas égoïste parce que malgré
la tourmente vous croyez en l'avenir Et oui il faut y croire à
l'avenir, comme vous avez raison. Après la ruine, la mort, la
vie renaîtra -. Je crois qu'avec tout ce bavardage je vais finir
par vous importuner – Excusez m'en ! Mais comme ici nous
avons bien p̶l̶u̶s̶ souvent l'occasion de . grogner et de maudire
, je ne voulais pas manquer de dire ma sympathie à quelqu'un
qui la mérite (Je ne suis pas orgueilleux n'empêche que je ne
fais pas confiance à tout le monde)

D***

Et alors qu'on gardait l'image des horreurs de 14-18, on comprit qu'on n'était plus en 14. Pire, le monde se souvint tout-à-coup des massacres dans les territoires envahis. Nombre de citadins et de cultivateurs, juifs, catholiques ou protestants, prirent la même résolution. Tels un seul homme, ils empruntèrent le chemin de l'exode – à pied, à bicyclette, en charrette, en train, en auto, mais tout de même avec valises, commodes, argenterie, matelas et cage à oiseaux –, tous vers le sud – et enrayèrent les mouvements de leurs armées. Quand ils émergeaient des fossés après les mitraillages aériens, tout ébouriffés et salis, ils demandaient d'une voix haletante à savoir où était leur aviation.

Bientôt commença à travers Le Pontet un défilé de voitures belges et françaises – autant de radeaux de la Méduse qui allaient s'engorger pêle-mêle par milliers, jour après jour, sur l'unique pont de Bordeaux, et remplacer les réfugiés basques et espagnols maintenant internés dans des camps. En un mois de débâcle, la population de Bordeaux tripla, son approvisionnement en pain devint un cauchemar et, alors que de nouvelles stations de radio annonçaient l'imminence d'un coup d'État communiste à Paris, le port et l'estuaire se mirent à regorger de plus de cent cinquante navires battant différents pavillons, venus évacuer les réfugiés désirables.

La situation devenait sérieusement précaire, cependant les enseignants reçurent l'ordre de rester à leur poste. À Étauliers, où près de deux cent cinquante Belges de tous âges étaient accueillis par les habitants, M. Ponthier, de nature prévoyante, enleva les roues de sa Celta 4. Au Pontet, le soir, toujours en route vers le sud, tous feux éteints, d'autres réfugiés faisaient halte à l'embranchement des routes de Bordeaux et de Blaye et demandaient s'il restait des chambres chez Iroz, à l'hôtel-restaurant. Micheline rencontra ainsi une toute jeune institutrice bruxelloise qui avait dans son sillage une douzaine de petits néerlandophones dont les familles étaient déjà logées dans la commune. Elle prit rapidement un arrangement auprès de son collègue, qui faisait aussi office de secrétaire de mairie, pour qu'on puisse accommoder les enfants à l'école.

À un moment donné, vers le 17 juin, on entendit parler d'un armistice et petit à petit il y eut une sorte de pause dans le flot de réfugiés. Et tout s'arrêta. Le silence régnait, comme si on retenait son souffle. C'était un peu tôt pour un armistice. Huit jours plus tard, on put alors distinguer un bourdonnement inconnu, grandissant. Et, comme elle se rendait justement à Étauliers, Micheline vit approcher, en sens inverse, en direction de Blaye et de son port, avec un cliquetis toujours plus précis, les premiers Allemands, à motocyclette, suivis enfin d'une colonne motorisée interminable, avec toutes sortes de véhicules, pour laquelle elle dut se mettre dans le fossé avec sa bicyclette.

Arrivée chez ses parents, elle y trouva une Française de la région, en uniforme allemand, qui réquisitionnait des chambres pour la *Kommandantur* locale, leur nouvelle voisine, de l'autre côté du ruisseau. À peine quelques jours plus tard, Micheline

revint chez ses parents et découvrit dans la cuisine deux
étrangers en uniforme en train de cirer leurs bottes. L'armistice
avait été signé et les Allemands s'installaient.

Dans le fossé

L'Occupation commençait. Les Français affectaient une
indifférence glaciale. Les réfugiés finirent par rentrer chez eux,
y compris les jeunes Belges, munis de bons d'essence.
Micheline recevrait une poignante lettre de remerciements en
français de la jeune institutrice onze mois plus tard, postée de
Vilvorde, dans la banlieue de Bruxelles, où la maison de son
père n'avait pas été « touchée ».

On n'avait pas entendu un seul coup de fusil. Un
sentiment confus s'empara de la population d'autant plus que
l'espèce d'engrenage qui avait entraîné si inexorablement tous
ces dérangements semblait s'être volatilisé. Il ne restait plus
qu'à croire qu'« armistice » voulait dire « paix ».

*

Une heure dite « officielle », adoptée par Radio-Paris, les mairies et les trains, fut alignée sur celle de Berlin et de l'Europe centrale, avec une heure d'avance sur les régions françaises restées libres, derrière une sorte de frontière. Le service de la poste reprit, mais il n'y eut plus de lettres du lieutenant. Dans la zone occupée, diverses directives provenant de différentes *Kommandanturen* étaient diffusées par haut-parleurs montés sur véhicules, par la presse ou les tambours de ville, ou sur des affiches bilingues ayant le français comme langue seconde et se terminant invariablement par des menaces de mort. Fusils, carabines, pistolets et revolvers étaient ainsi déposés docilement par centaines dans les mairies avec leurs munitions; même les sabres. Les pigeons-voyageurs étaient condamnés à être détruits. Les exécutions pour sabotage commencèrent dès juillet. À Étauliers, la vie, une sorte de vie, reprit lentement, très lentement son cours, entrecoupée de couvre-feux et de patrouilles nocturnes.

Micheline put se déplacer à Bordeaux et traverser le pont de Pierre, maintenant contrôlé par les Allemands, pour se faire soigner chez un dentiste et loger ainsi chez ses correspondants du temps de son école normale. Ceux-ci lui confirmèrent qu'à la fin de la poussée allemande, dans la nuit du 19 au 20 juin, neuf écoles (dont l'école pratique du cours de la Marne, non loin de la gare principale) avaient été bombardées et qu'il y avait eu une soixantaine de morts. Août marqua aussi le début des bombardements des raffineries du Bec d'Ambès et de Trompeloup par l'aviation anglaise. Deux mois plus tard c'était aussi les bombardements de Bordeaux qui commençaient, assortis d'une quantité de fausses alertes, le tout effectué à la faveur de la nuit. Pendant la première année de l'Occupation, il y eut en moyenne deux bombardements ou fausses alertes par mois sur Bordeaux.

* *

6

Je ne sais plus à quel jour de nos entretiens nous en étions, mais ce matin-là, alors que je sonnais à la porte après être passé par le petit portail sans avoir remarqué le nombre de voitures garées dans la rue, une femme encore jeune apparut à la porte, avec à côté d'elle un homme un peu moins âgé. Et je la reconnus aussitôt. « Ah, Monsieur !... » dit-elle d'un seul souffle, et je me demandais pourquoi elle m'appelait « Monsieur », bien qu'elle l'eût prononcé d'une façon si exquise, alors que ses bras s'allongeaient vers moi pour me prendre les mains par en dessous, comme pour les soutenir, d'un geste si doux et si mesuré d'autant plus que je n'avais jamais été accueilli de ma vie de cette manière, et alors que moi-même je la fixais dans les yeux et sentais ses pouces se refermer. Je compris bien que le moment était solennel et je me demandais si le « Monsieur » avait été une manière de faire contrepoids à son apparente familiarité aux yeux du jeune homme. Mais peut-être aussi ne me reconnaissait-elle pas. Et en un éclair, toutes sortes d'images vinrent se bousculer dans ma mémoire. J'avais pu suivre son évolution au fil des années dans les albums de Mme Hébert, avec les photos de ses vacances, de son mariage et des baptêmes, et maintenant elle ressemblait presque à ma mère, avec le visage un peu plus rond, ce qui portait ma confusion à son comble, car ce fut précisément en compagnie de ma mère que je l'avais rencontrée, elle, Laure, en jupe grise, la seule et unique fois de ma vie, quarante-neuf ans plus tôt, lors de ce qui allait être ma dernière *slava* avec mes parents. Après, donc, ce « Ah, Monsieur !... », elle m'annonça sur le même ton étouffé : « Mon frère Yann est mort. »

Et elle baissa un peu la tête et me lâcha les mains.

J'admirai son aplomb et me demandai si elle ne le devait pas à son éducation catholique. Ou à son expérience des maladies qui lui aurait donné une certaine résilience. Ses couleurs étaient un peu pâles, ses traits en proportion relative l'un à l'autre mais, tout en y trouvant un air de générosité, on sentait une petite gêne. Je dévisageai aussi le jeune homme qui ressemblait tellement à son père maintenant défunt que je dus faire un sérieux effort pour me rétablir. Je venais de comprendre et relevais le menton.

Je vivais l'annonce d'une mort, ici, dans la banlieue de Bordeaux, par une sœur et un fils, et le défunt n'était pas Mme Hébert et ce fils n'était pas son propre père, mais Bordeaux, c'était Bordeaux, et donc le fils c'était moi, et je revoyais ma mère en état de choc qui passait au ralenti à côté de moi, sans me voir, en flottant comme en lévitation vers sa propre mère pour lui annoncer la mort de son mari – mon père – et me laissait seul m'appuyer contre le mur. Mais un mois plus tard, au milieu de la nuit, ce fut bien à moi directement qu'on dut s'adresser : « Alors voilà, Petit, ta maman a eu un accident... » Et maintenant, malgré moi, après tant d'années, j'étais tout aussi meurtri et me demandais cent fois pourquoi on me faisait ça à moi qui avais fait la paix avec le passé et étais venu de si loin, alors que je retrouvais exactement la même faiblesse et, défiguré, les larmes aux yeux, j'étais contraint de tourner le dos à Laure et à son neveu, de trahir leur deuil, incapable de chasser les images d'une jeunesse que j'aurais pu avoir comme la leur, et donc incapable aussi de ne pas trahir mon propre parcours que pourtant j'avais toujours accepté en homme libre. Longuement j'interrogeais la cime des arbres et le vent qui poussait les nuages pendant que Laure attendait en silence derrière moi. Je me demandais si je lui devais une explication, certes pas maintenant, mais un autre jour, et je me disais qu'il faudrait bien que j'en eusse la force si l'occasion se présentait.

À l'intérieur, il faisait encore sombre, des silhouettes se mouvaient autour de Mme Hébert qui avait les cheveux en désordre et était à peine capable de prononcer mon nom. Elle avait survécu à son petit-fils de 58 ans, celui qui l'avait soutenue à un moment difficile de sa vie. Je jugeai directement de la sensibilité qui se tenait derrière les mots de son histoire et aussi de l'aplomb qu'elle manifestait en me la racontant. Les enfants de Yann étaient là, occupés à leurs téléphones, et sa nouvelle compagne errait seule autour de la table de la salle à manger sur laquelle les albums étaient ouverts aux photos de Yann. Je murmurais mes condoléances à chacun et, avant de prendre congé, alors qu'on me faisait grâce de l'enterrement, ce pour quoi j'étais bien reconnaissant, je convins d'un nouveau rendez-vous avec Mme Hébert.

*

Je me retrouvais seul dans le secteur industriel de La Bastide. Il me fallait renouer avec mon passé délaissé, malgré le parcours qui s'était présenté à moi, parce que je me rendais compte maintenant que c'était la chose la plus personnelle que je pusse posséder, indépendamment de ce que la vie eut pu me réserver – le passé, c'était quelque chose au-delà d'une possession, c'était un état d'existence.

Le vent était vif et je fis halte sur un pont qui avait jadis enjambé les voies ferrées de la gare de La Bastide. Le dos tourné au vent, j'allumai une cigarette et me mis à observer les hangars et les voies désaffectés. Perché sur le dossier d'un fauteuil du salon, j'avais passé tant d'heures à les observer pendant mon enfance, surtout le va-et-vient des tracteurs et des wagons que j'essayais de deviner. Je refaisais la conquête de mon enfance et c'est précisément ce que Mme Hébert faisait avec moi pour sa jeunesse, mais c'est par elle – et par la mort de son petit-fils – que je me retrouvais transposé dans la mienne sans que j'eusse pu le prévoir. Nous n'avions pas encore saisi combien insidieux peuvent être les effets d'une mort inattendue sur la mémoire.

À l'autre bout du pont, les jardins ouvriers le long desquels ma mère m'avait promené en poussette étaient ensevelis sous d'autres hangars et un chien de garde aboya furieusement à mon passage. Je retrouvais aussi dans cette rue vide la solitude tranquille et protectrice de mes années d'internat dans les Alpes, lorsque je pouvais sortir le dimanche après-midi et envier les pupilles de l'Air, reconnaissables à leurs uniformes, qui, eux, sortaient en groupes de deux. À l'autre bout de la rue, c'était la Garonne, la fin de la promenade de ma mère, et, comme quand on s'asseyait sur un talus, je cherchais des yeux le reste des épaves des années quarante.

* *

7

Les classes, donc, reprirent en septembre 1940, avec un début de réformes administratives reflétant l'ordre nouveau. Un certain modus vivendi devenait de rigueur, en particulier chez les parents de Micheline, à Étauliers. Les deux Allemands faisaient leur propre cuisine quand c'était leur tour et, en bons paysans quadragénaires qu'ils étaient, ils se montraient aussi « corrects et respectueux » que possible. On pouvait les entendre parfois discuter entre eux, en train d'examiner des articles dans la quincaillerie. Le contact ne pouvait avoir lieu que sporadiquement, lors des visites de Micheline qui connaissait quelques mots d'allemand. On put apprendre ainsi qu'il y avait un prisonnier français dans la ferme d'un des Allemands, en Bavière et, de fil en aiguille, on découvrit que ce prisonnier était justement originaire de la Charente. Le Bavarois se proposa de faire l'émissaire entre le prisonnier et sa famille. Après donc une rencontre entre l'épouse du prisonnier et le Bavarois, celui-ci put transmettre une lettre et du cognac lors d'une permission, mais les deux Allemands, qui furent mutés et partirent en chantant *Es war ein Edelweiss*, ne donnèrent jamais de leur nouvelles. Ils furent bientôt remplacés par un seul autre Allemand, plus jeune.

48

Photo : anonyme, copie J. L. F. Lambert, permise par M. H***

Micheline vue par le soldat allemand
(Étauliers, 1940)

Ce nouveau locataire était un ancien étudiant qui trouvait l'ordinaire de son détachement infect. Il prit l'habitude de préparer ses propres plats dans la cuisine familiale et, avec quelques mots de français, pouvait s'exprimer plus facilement que ses prédécesseurs, d'autant plus qu'il était photographe amateur. C'est vers cette époque-là, pendant les vacances, que Micheline avait découvert au grenier les vêtements d'une de ses grand-mères. Elle s'en était revêtue et était descendue dans la cuisine. Quand l'Allemand leva les yeux sur son accoutrement, il échangea ses pommes de terre pour son appareil-photo et invita Micheline à poser pour lui. Une fois sortis dans le jardin, elle se rétracta, il insista et obtint gain de cause, mais finalement, Micheline lui soutira de lui remettre non seulement la photo, mais aussi la pellicule.

Ce jeune Allemand ne logea que quelques mois chez les Ponthier, et après lui il n'y eut plus de locataire. Ce n'est que plus tard, après l'invasion des Balkans, qu'on comprit que l'Allemagne avait réaligné ses armées.

En général, on ne communiquait pas avec les Allemands en public. La méfiance des Français, qui maintenant s'épiaient les uns les autres, parfois jusqu'au sein des familles, se propageait à la mesure des réquisitions et des interdictions. Dans certains commerces, par contre, où l'on arrivait à profiter de la dévaluation du franc, du moins au début, on finissait par connaître les nouveaux clients et à les appeler par leur nom.

À la messe, pendant laquelle la sœur aînée de Micheline jouait de l'harmonium, on remarqua un autre Allemand. Il se tenait isolé, à côté d'un pilier, en arrière de la congrégation. Il était organiste et, n'y pouvant plus tenir, il finit par obtenir la permission de jouer entre les offices. C'est ainsi qu'on put entendre parfois, en semaine, des résonances de messes baroques et romantiques à travers les murs de l'église. Entre-temps il commença à y avoir des rumeurs sur un peu de tout, comme par exemple à propos des relations de deux ou trois jeunes lavandières avec l'Occupant.

*

Ces anecdotes ne pouvaient remplir la vie de Micheline. Et à Eyrans, l'isolement se faisait sentir, plus opprimant. Le vide, encore une fois, éprouvé lors de son ancien catéchisme semblait rejoindre Micheline. Celle-ci luttait tant bien que mal. Une lettre d'une ancienne camarade datée de mars 1941 permet de juger de la situation, alors que Micheline devait se faire opérer des cloisons du nez à Bordeaux et faire face à nombre de tracasseries administratives pour se faire remplacer. Les deux amies semblaient mettre le malaise de l'existence sur le compte d'une foi trop tiède : en tant que croyantes, il fallait se ressaisir et conforter sa foi : « Ne dites pas Il me laisse à ma petite vie médiocre. ... Le Christ vous dit Viens, Il vous appelle et Il vous attend. »

L'opération eut lieu en mai. Un ancien médecin militaire lui avait fait une simple anesthésie locale. Micheline fut sauvée de justesse la nuit suivante à la suite d'une hémorragie, mais elle dut rester alitée beaucoup plus longtemps que prévu, au point qu'on ne put la transporter aux abris lors d'une alerte de nuit. La convalescence se prolongea chez l'ancien couple de correspondants, et à Eyrans même. Micheline put enfin reprendre son enseignement avant l'été, mais elle se permit de déjeuner chez Iroz, à l'hôtel-restaurant du Pontet, comme le lui avait conseillé son collègue de l'école. Et effectivement, elle trouva le local accueillant.

***

PARTIE II

8

À la rentrée de septembre 1941, Micheline reprit sa place chez Iroz. On y faisait, malgré les restrictions, une cuisine basque de qualité qui avait acquis une certaine réputation auprès des Allemands. Le restaurant occupait une vaste salle avec nombre de tables, dont une grande, commune, réservée aux habitués. Et, comme Micheline, il y avait un nouveau demi-pensionnaire, grand et mince, mais d'apparence un peu froide. C'était le nouveau médecin qui remplaçait le généraliste parti à la retraite.

« Voulez-vous me passer la carafe, s'il vous plaît ? » C'est comme ça que Micheline s'adressa pour la première fois au docteur : elle avait soif. Elle s'était renseignée auprès des villageois : le nouveau généraliste avait 31 ans, était originaire de la Charente et rapatrié du Levant. Il était protestant, fils de pasteur, et n'était pas marié. Il s'appelait Jacques Celse.

Micheline et le docteur se retrouvèrent ainsi, jour après jour, à la même table, de plus en plus loquaces, à parler de leurs métiers respectifs. Fut-ce à la suite de la grande exécution d'otages à Nantes et à Bordeaux qui avait été rapportée dans la presse, elle ne sait, toujours est-il qu'Iroz leur aménagea bientôt une table à part, sans doute avec moins de bruit et un peu plus à l'écart de l'autre table de « ces messieurs ». Un Allemand, cependant, s'approcha un jour où elle attendait le docteur, pour lui demander si elle voulait bien déjeuner en compagnie de ses collègues, mais ce fut peine perdue.

L'hôtel-restaurant du Pontet

Quand je lui demande de me décrire le docteur, Mme Hébert écarquille les yeux, elle fait une moue, elle en est incapable, comme pour tous les personnages de son histoire. De la couleur des yeux, de la forme du menton ou du reste, je ne peux rien en tirer. Et plus tard, lorsque je reformulerai ma question, elle interjettera : « Mais vous me l'avez déjà demandé ! » Des lunettes ? Je ne sais plus moi-même, tant la réponse fut vague. Une cigarette ? Peut-être, de temps en temps. Quant à l'inspiration et à l'attirance ou, devrais-je dire, l'intérêt, c'était certain, il y avait des points communs, comme une soif, ou plutôt une curiosité de la vie et de ses mystères, des besoins communs et une attention aux relations humaines. Finalement, j'obtiendrai que ses cheveux étaient raides, bruns et rejetés en arrière.

L'année se termina ainsi, dans la routine des classes, avec quelques visites à Étauliers et une série de repas pris chez Iroz avec le docteur. À l'approche de Noël, Micheline fit préparer une petite pièce de sa conception par les enfants où ils devaient chanter et jouer un médecin et ses patients. Micheline tomba malade elle-même la veille, mais le docteur la remit momentanément sur pied et on put jouer la pièce dans la classe, devant quelques parents. Cependant, en sortant de sa chambre, Micheline avait découvert un mystérieux bouquet de violettes sur le buffet de sa cuisine.

*

L'hiver de 1942 fut particulièrement rude. Micheline ne s'était pas encore remise de la grippe quand elle dut aller faire un stage d'éducation physique dans la banlieue de Bordeaux. Ce fut quatre semaines de parcours du combattant dans la boue, ponctuées par des activités ludiques et rythmées par les aller-retour d'hébergement en ville, entre les couvre-feux. Micheline s'en trouva totalement épuisée.

À cette époque-là, le médecin d'une commune avait pour devoir de soigner gratuitement les enseignants. Alors que Micheline reprenait dès février ses repas au Pontet avec le généraliste, celui-ci voulut s'informer de sa convalescence et elle dut bien avouer combien elle avait été éprouvée par le stage, mais elle enchaîna aussitôt sur les types d'animation auxquels elle avait été formée et laissa entendre qu'elle mijotait une sorte de projet, peut-être pour Pâques.

Ainsi, très vite, en se rappelant la saynète du Noël précédent, Micheline imagina bâtir plus grand, produire une pièce pouvant intéresser tous les parents du village et, pourquoi pas, recueillir des fonds pour les fournitures de classe. Ça serait une pièce-concert articulée sur la version d'Henri Ghéon de *La Belle au bois dormant*.

« — Pardon ?! » Ai-je bien entendu ? Je lui demande de répéter, mais elle continue. Elle ne fait aucune allusion au symbolisme du titre ni au risque politique… Comme moi plus tôt qui avais été refoulé dans ma jeunesse, elle reste strictement dans la sienne… et ce sera chaque fois comme ça. Je me rends compte que consciemment ou non, que nous le voulions ou non, nous sommes tous les deux sous l'emprise de nos passés respectifs. Quant aux métaphores, Mme Hébert est directe, elle n'en offre pas beaucoup, elles doivent appartenir à la littérature.

Donc, pour la représentation, Micheline convainquit son collègue de faire participer ses élèves, ce qui monta le nombre d'acteurs et de figurants à une soixantaine. Elle obtint aussi l'utilisation gratuite du grand garage de cars de chez Iroz comme salle de spectacle. C'était comme si rien ne pouvait l'arrêter. Les semaines qui suivirent furent des moments intenses pour Micheline et je pense, à la lumière de ses diverses versions, qu'elle aurait bien aimé un petit encouragement, aussi petit eût-il pu être, en particulier de la part du docteur.

Après l'attribution des rôles, les préparatifs demandèrent une parfaite coordination des répétitions. Les filles chantaient pendant les récréations et elles dansaient après les classes; le dimanche, sur l'estrade du garage, tout était repris avec les garçons, après leur match de foot. Bientôt toute la commune s'embrasa par la fièvre du concert et les mères se consultaient sans relâche à propos des décors et des déguisements. Pendant les déjeuners, Micheline et le médecin échangeaient de plus en plus de renseignements sur les problèmes des enfants et de leurs familles; ils convinrent ainsi d'une meilleure distribution du Secours national dont Micheline était devenue la responsable communale. Ensemble, catholique et protestant, ils portaient secours au prochain dans un esprit de charité chrétienne. Et finalement, la veille de Pâques, le docteur se pointa en pull et sans cravate pour installer les tentures et devenir le machiniste de la représentation.

Celle-ci eut lieu le lendemain soir, dans une salle bondée de plus de quatre cents personnes venues à pied et à bicyclette de toutes les communes avoisinantes. Ce fut un tourbillon de déclamations, de chants et de danses en tutus, robes de tarlatanes, ou sous des hennins, le tout synchronisé au piano par la femme du maire, pour se terminer quelques heures plus tard avec le chant du Maréchal.

Le triomphe s'acheva à deux heures du matin. Micheline était épuisée et le docteur la raccompagna chez elle, en haut de la côte, à l'école. Il resta dehors… attendit qu'elle eût monté l'escalier… puis rentra chez lui…

*

« Et alors là, » Mme Hébert lève les bras, « c'est la crise. » Je n'ose comprendre. Mme Hébert s'emporte presque. Je me concentre. Elle se reprend : « Je suis à bout. Je fonds en larmes. Je prends le lendemain de congé. »

Et Mme Hébert me répètera à chaque version, « Mais, voyons, c'est la crise ! », comme si j'eusse dû comprendre automatiquement. Mais moi, je ne veux pas interpréter, je ne suis pas là pour ça, je ne veux pas m'engager sur un chemin imaginaire, rapporter une histoire fondée sur des assomptions – je veux des mots clairs.

« Eh bien, reprend-elle au bout d'un instant, le médecin ne se déclare pas ! »

Voilà, nous y sommes, voilà où elle me menait depuis le début et ce, dans le langage chaste de son époque. Le « silence » du médecin avait donc irrité Micheline. Le médecin avait été censé comprendre sa position à elle, ses attentes – voilà ce qu'elle projetait encore, soixante-sept ans plus tard, avec une émotion qui me laissait perplexe. Comment pouvait-elle supposer, simplement avec tout ce pour quoi elle s'était démenée, qu'il eût dû « se déclarer », et en particulier si ni l'un ni l'autre, pendant quatre mois, n'avait fait référence au bouquet de violettes, depuis la fin du premier trimestre ? N'aurait-elle pas pu plutôt s'attendre, si le médecin avait bien été la source de son inspiration, à pas plus qu'une simple marque de reconnaissance ou d'estime ?

De toute évidence, à part les violettes, il doit me manquer des éléments que Mme Hébert ne peut ou ne sait me transmettre tant ils sont enfouis dans son être. Je décide de ne pas l'interrompre.

Mais, au fond, n'avait-elle pas raison ? À quoi tout cela menait-il ? Les enfants, leurs familles, la commune, la religion, était-ce bien tout ce qu'il ne pouvait y avoir entre eux ? Il est clair et certain, cependant, qu'il y avait toujours une certaine réserve dans ce médecin; il devait avoir un sens déontologique rudement bien développé.

Micheline avait vécu et revécu cette réserve. Elle soupesait maintenant combien ce non-engagement, qu'elle prenait pour de la retenue, était ancrée dans la personnalité du généraliste. Lors de leurs conversations à table, elle avait essayé de sonder son regard parfois détaché, solide, stable et serein, un genre de regard que l'on trouve chez ceux qui ont connu le désert. Elle pressentait une force tranquille, profonde, qui lui était étrangère.

*

Le surlendemain, ça n'allait pas beaucoup mieux. Cependant, à midi, le docteur était au restaurant, plus souriant que d'habitude : il avait pour Micheline la recette du concert et elle dépassait toutes les espérances. Oui, maintenant Micheline pouvait entrevoir l'achat d'un guide-chant électrique et du matériel pédagogique. Plus tard, elle organiserait au restaurant une vente de dessins et d'aquarelles des élèves pour arrondir son pécule.

Le médecin avait un tant soit peu changé, elle le sentait – s'était-il aperçu de quelque chose ? Il commença par lui apporter des roses que lui offraient ses patientes et, de semaine en semaine, cela devint un rituel, avec Micheline qui remontait à l'école avec la boîte de roses sur le porte-bagages de sa bicyclette. Avant la fin de l'année, il lui apporta lui-même le guide-chant, de la gare à l'école, sur l'épaule. Il se comportait un peu comme un chevalier servant. Et juste avant l'arrivée des grandes vacances, il lui offrit un panier de cerises.

*

Ce fut au début de cet été-là que l'assistante à la messe d'Étauliers, la femme qui avait attiré l'attention de la sœur de Micheline sur le joueur d'harmonium allemand, une veuve d'une grande bonté chrétienne, engagea celle-ci à aller avec elle ramener son fils malade qui venait d'entrer au séminaire à Pessac, près de Bordeaux. Cette dame connaissait Micheline depuis toujours, elle lui passait parfois des ragots, comme au sujet des lavandières, et elle savait qu'elle pouvait compter sur elle. Une pleurésie avait compliqué la tuberculose du fils et une opération avait échoué. Il s'appelait Luc et n'avait pas 20 ans. Le retour se fit en taxi jusqu'à Étauliers, en passant par les contrôles du pont de Pierre.

Une fois couché chez lui, dans le calme de sa petite chambre sobre et aux volets mi-clos, le jeune séminariste exprima le besoin de voir le médecin. Les deux femmes furent bien désemparées et cela tombait d'autant plus mal que ce jour-là le généraliste était en visite à un village voisin. Mais Luc s'agrippait à cette idée du médecin, malgré la toux qui semblait lui extirper tout souffle qu'il eut pu encore avoir. Devant une telle insistance, Micheline partit à la recherche du docteur à bicyclette. Elle le rencontra, roulant à moto en sens inverse, et il s'arrêta dès qu'il la reconnut. Ce fut au tour de Micheline de plaider en faveur de Luc, car maintenant le médecin avait des réserves. Finalement, ils se retrouvèrent tous les deux au chevet du jeune homme, les deux femmes d'un côté et le praticien de l'autre.

Luc ne parlait plus. Il sondait les regards de Micheline et du médecin. Il leva les mains pour que Micheline et le médecin les lui prennent. Il les joignit alors par-dessus le lit, en les serrant, sans bouger, les yeux fixés sur les mains. Unis comme ils l'étaient, par un religieux, l'éternité d'un instant, Micheline et le médecin osèrent à peine se regarder.

Luc s'éteignit deux jours plus tard.

Micheline passa le reste de l'été chez ses parents, à Étauliers, sans revoir le médecin : ils n'avaient pas de « motif de se voir ».

Après un court silence, c'est tout ce que Mme Hébert m'offre de description de cet été-là.

* *

9

Ainsi, l'été de 1942 s'étira lentement jusqu'au temps des foins et des vendanges, et à l'automne ce fut la rentrée et les cours reprirent. Chacun retrouvait les mêmes gestes d'avant l'été et tout naturellement Micheline et le docteur se retrouvèrent au restaurant. Il lui offrit un bouquet de violettes dès leur première rencontre. Après les repas, maintenant, Micheline et le docteur prolongeaient leurs conversations auprès de la cheminée d'une petite salle attenante. Ils ne firent jamais allusion au jeune séminariste et encore moins à son geste, mais le sujet de la religion et de la foi revenait un peu plus souvent. Cependant, assis là, devant l'âtre, sous prétexte d'approfondir quelque question, il leur arrivait des moments de silence, juste en présence l'un de l'autre, à simplement fixer les flammes et voir rougir la braise. Encore une fois l'hiver s'annonçait rude.

Les dimanches, de retour à Étauliers, Micheline ne pouvait s'empêcher de relater l'amitié croissante qu'elle portait pour le médecin. Au bout d'un certain temps, Mme Ponthier finit par lui demander : « Vous allez continuer longtemps comme ça, jusqu'à 70 ans, à vous entretenir devant la cheminée ? » Une telle boutade ressemblait bien à une approbation, voire à un encouragement. Un léger sourire se dessina alors sur les lèvres de Micheline. Mais la réplique de la mère pouvait aussi s'interpréter, si le ton ne s'élevait pas à la fin avec un point d'interrogation, comme un avertissement que rien d'autre ne pouvait se passer, parce que rien d'autre ne le devait. Et Micheline ne répondit pas. Car Micheline savait, sa mère savait, et tout le monde savait. On n'avait pas besoin de le dire mais, entre catholiques pratiquants, on se comprenait. Et le fils du pasteur, médecin de son état, le savait aussi. Un silence en avait invité un autre. Le mur était bien là et chacun le tolérait. M. Ponthier, par contre, laissait faire; il était bien assez pris par la gestion de son commerce si bien que les affaires religieuses ne pouvaient être de son domaine.

Les jours passaient, avec les non-dits en arrière-plan. Le principal était toujours intact, l'amitié entre Micheline et le médecin se maintenait. Le soir, après les classes, elle descendait le coteau à bicyclette, et elle revenait ensemble avec le médecin à pied jusqu'au portail de l'école. L'élan de leurs sentiments ne pouvait s'exprimer que dans l'attention qu'ils portaient l'un pour l'autre.

*

Ainsi donc, de semaine en semaine, Noël approcha et passa, chacun ayant assisté au service religieux de son côté, et ce fut le Nouvel An de 1943. Micheline ne voyait aucun changement et ne pouvait rien espérer de sa relation avec le médecin, avec lequel elle se retrouvait chaque midi.

En remerciement d'un certain service médical, l'apprenti boulanger leur apporta un jour une tarte aux prunes au restaurant. C'est alors qu'une cousine apprit à Micheline qu'on commençait à parler d'elle et du médecin dans le village. L'approche d'un printemps précoce lui paraissait comme une bien triste contradiction par rapport à sa situation. Chaque dimanche, cependant, elle se permettait d'entrevoir la semaine à venir avec une sorte d'espoir. C'est pourquoi, quand les vacances de Pâques arrivèrent, les quinze jours passés en famille lui semblèrent une éternité. Finalement, pouvant à peine y tenir, le jour de la reprise des classes, elle descendit chez Iroz, s'installa à sa table et attendit. Iroz se libéra enfin et vint lui annoncer qu'il allait la servir tout de suite, car le docteur était malade, bien malade, au point d'avoir dû rentrer chez ses parents, à Jarnac : il avait attrapé une pneumonie quelques jours auparavant.

Troublée pour le reste de la journée, Micheline fit un mot au docteur le soir même et le lui envoya le lendemain matin. Elle dut aussi confier sa déroute à une amie, car une lettre du 27 avril lui résume la situation comme suit : « Il semble d'ailleurs que l'heure est venue, pour vous, de la rencontre définitive. [...] Comme nous avons besoin, pour le monde entier, de souffrir en chrétiens ! » On peut supposer par ces mots que Micheline avait considéré mettre le médecin en demeure de se déclarer. La dernière phrase paraît sensiblement exagérée et hors contexte, mais on peut se demander si elle n'a pas été influencée par la situation générale du moment. Vers cette époque, en effet, avec les rationnements et après l'extension de l'Occupation jusqu'à la Méditerranée et les attentats terroristes de l'année précédente au cœur-même du port de Bordeaux, les rafles et les traques étaient devenues plus fréquentes, on parlait à voix basse de convois partis pour l'Allemagne, et les listes d'otages exécutés commençaient à s'allonger sur les affiches collées aux murs, tout cela parallèlement à un renouveau catholique.

Le 8 mai, le médecin répondait à Micheline qu'il était « très sensible » à son mot et il la remerciait de sa sollicitude. Il signa « Jacques ». Il ne l'avait pas oubliée.

Et puis ce fut le silence.

Les jours passaient; Micheline priait et attendait.

L'idée de revoir le médecin après avoir échangé des mots comme ils venaient de le faire, la plongeait dans une expectative de plus en plus virulente. Mais aussitôt après, la raison reprenait le dessus et Micheline se faisait des reproches. En effet, lorsqu'elle relisait les mots du médecin au milieu de la journée, elle leur trouvait un ton un peu trop protocolaire. Le soir, par contre, elle découvrait toutes sortes de raisons pour lesquelles le médecin aurait choisi un ton pouvant sembler détaché alors que la situation ne devait pas le permettre.

Et chaque jour elle espérait le retrouver chez Iroz.

Finalement, vers la mi-mai, Jacques fut de retour au Pontet-d'Eyrans. Il était là, debout devant elle. Ils firent un pas l'un vers l'autre.

« Ah, Jacques ! … » Ils se tutoyèrent aussitôt.

Il était si maigre, si faible, si… Avec une légère gêne il avoua combien elle lui avait manqué. Et puis ce fut un flot d'explications sur la nature de son attachement pour elle, qui durait effectivement depuis si longtemps. Il avait tant redouté leur différence de religion, mais maintenant qu'il avait risqué ne plus la revoir, il lui fallait avouer ne pas avoir voulu détruire leur amitié en se dévoilant. Micheline s'en était toujours doutée. Avec une telle conflagration de sentiments, il y avait de quoi donner le vertige. Mais au fond, bien au fond, ils se savaient déjà unis dans le Christ.

Les quelques jours qui suivirent les transportèrent dans un autre monde. Jacques et Micheline continuaient de se retrouver chez Iroz, mais aussi le soir dans la cour de l'école, au pied du figuier. Les villageois les virent ainsi ensemble un peu plus souvent, sans qu'il y eût pourtant de marque de désapprobation de leur part. Le bonheur était grand de se savoir aimé.

Pour jouir d'une certaine intimité, Jacques et Micheline commencèrent à faire de longues promenades dans la nature. Ils s'installèrent ainsi une fin d'après-midi ensoleillée au pied d'un moulin abandonné, sans ailes, le long d'un escarpement. Les vignes et les champs s'étalaient paisiblement devant eux jusqu'à l'horizon… On pouvait librement respirer à pleins poumons… entendre le chant d'un oiseau dans un fourré… Et Jacques et Micheline pouvaient pressentir leur place dans l'ordre de la nature. Ce fut un moment où le temps aurait dû s'arrêter…

Le monde n'était pas si mauvais qu'on le disait. Jacques et Micheline se mirent à envisager leur avenir. Le bonheur était là, mais ils le concevaient plutôt comme étant à portée de la main. En effet, il y avait quelques aspects pratiques à régler. Pour augmenter leurs revenus et pouvoir vivre ensemble, il faudrait certainement une clientèle plus nombreuse pour Jacques, tandis que pour Micheline, cela n'était pratiquement pas possible mais, par contre, elle pourrait assister Jacques dans son travail et lui garantir sa clientèle. D'autre part, il leur fallait aussi que leurs églises respectives trouvent un moyen de les unir. En tout état de cause, ils décidèrent de faire part de leurs projets à leurs parents.

Le temps aurait dû s'arrêter

* *

10

L'accueil de la nouvelle fut aussi catastrophique dans une famille que dans l'autre. Dans une lettre du 7 juin 1943, la mère de Jacques l'incite à renoncer à tout et qualifie Micheline d'égoïste, tout en sous-entendant qu'il s'agit d'une fausse chrétienne. Jacques et Micheline s'étaient découverts dans l'autre mais, du point de vue de religion, l'autre restait l'autre. Une référence à décembre 1929 fait allusion à la mort de la sœur de Jacques : l'apostasie de Jacques équivaudrait à un second décès dans la famille. Toujours sans aborder ouvertement la question de religion, la mère joignait l'adresse d'un pasteur bordelais. On comprit que cette adresse était destinée à l'attention de « la jeune fille ».

Mme Celse à son fils : adjuration de ne pas la peiner et de réfléchir à froid (Jarnac, lundi 7 juin 1943) :

Jarnac lundi 7.

Mon cher Jacques,

Après ton départ hier soir j'ai dû redire à papa toute la conversation que nous avons eue en son absence; et, ensemble, en pesant les conséquences de la décision que tu sembles sur le point de prendre nous avons eu une immense

*peine. La question qui, d'après ce que tu m'as dit t'oblige à
quitter le Pontet, ne pourrait-elle vraiment pas se trancher
sans un arrachement aussi radical ? La première fois que tu
as parlé de ~~par toi~~ céder la clientèle nous avions pensé tout
naturellement, que c'était pour une installation à Jarnac,
mais, tu m'as dit hier que tu ne penses pas aller à Jarnac.
Tu y serais peut-être allé si le projet vaguement élaboré ici
avait pu avoir une suite ? c'est bien regrettable alors que
nous soyons arrivés trop tard. Mais celle-ci n'est pas unique !
Attends donc un peu avant d'aller à Bordeaux; il n'y a pas de
situation si embrouillée soit-elle, qui ne puisse s'arranger !
Je t'ai vu partir si triste hier soir que, après ton départ
j'ai senti quelque chose se briser en moi, qui m'a rappelé
l'immense sacrifice que Dieu nous a demandé en décembre
29 ! et dont mon cœur saigne encore. – Je ne pense pas croire
que tu sois obligé de te sacrifier ainsi; la jeune fille, si elle
savait quel sacrifice tu fais, l'accepterait-elle vraiment ? elle
serait en ce cas, bien égoïste ! – Les vacances approchent,
puisqu'elles vont être bien plus tot cette année; à ce moment
là elle partira dans sa famille, alors, n'étant pas sous son
influence*

- - - - -

*tu pourras voir les choses plus de sang froid, plus calmement,
et tu envisageras alors la situation sous un autre jour. Je suis
obligée, par lettre, d'employer des termes assez vagues;
maintenant que nous en avons causé, nous pourrions peut-
être examiner la situation d'une façon plus claire; veux-tu
que nous allions une journée chez toi ? veux tu que je parle
à la j. fille ? Ta belle-sœur est trop jeune, moi je lui parlerais
comme une mère, en m'adressant à son cœur; si elle est ~~vrai~~
vraiment chrétienne elle ne peut pas ne pas comprendre. Si je
te dis tout cela, c'est que je t'ai senti hier, très malheureux et
que cela m'a fait une peine immense ! Nous voudrions tant te
voir heureux et vraiment tu le mérites ! Mais pour cela il ne
faudrait pas te torturer volontairement, comme tu le fais
parfois. Nous ne demandons qu'à t'aider, agis franchement
avec nous, et si tu désires que nous agissions d'une manière
ou d'une autre, dis-le, nous ferons ce que tu voudras. Faute*

d'avoir parlé assez tôt, des occasions ont été manquées; Si tu préfères revenir, viens, dimanche nous allons à Cognac, mais serons de retour par le train de 17 h 15. Mais ne te sers pas de ta moto si le ressort n'est pas changé, cela nous a encore bien inquiétés. C'est avec toute ma grande affection que je te parle ainsi, crois-le. Tout ce que je demande à Dieu, le plus ardemment que je puis, c'est que tu sois heureux.

Nous attendrons un mot de toi avant de décider si nous devons aller passer une journée chez toi – En attendant reçois les bien affectueux baisers de ta maman

J. Celse

Billet inclus dans la lettre de Mme Celse à son fils :

Monsieur le pasteur
Blanc-Milsand
32, rue du Hâ
Bordeaux

La mère de Micheline, pour sa part, fit référence à Jacques maintenant comme étant « l'hérétique ». Le père, qui faisait chambre à part à cause de sa vieille toux, semblait n'y rien comprendre : « Protestant, catholique, quelle différence ça fait ? … En tout cas, on n'a pas de dot… »

Micheline s'adressa alors à un cousin séminariste qui étudiait dans la banlieue de Bordeaux, mais elle sentait qu'il était de plus en plus difficile d'attendre. C'est ainsi qu'un troisième personnage, invisible, mais combien palpable, s'infiltra dans les promenades de Micheline et Jacques.

Il devint évident que chaque famille attendait une conversion de l'enfant de l'autre. Un soir, alors qu'ils se tenaient au pied du figuier de la cour d'école à évaluer l'impasse dans laquelle ils se trouvaient, Jacques résuma la situation en citant un vieil Arabe qui lui avait dit que pour lui, changer de religion était « pire que la mort ». Toujours est-il que Jacques proposa d'aller de l'avant et de prospecter un nouveau cabinet qu'une veuve avait à vendre dans la banlieue de Saintes.

Quelques jours plus tard, Jacques et Micheline étaient en route à moto à 4 heures du matin pour attraper le Bordeaux-Saintes à Saint-Mariens. Ils découvrirent que la maison avait un jardin qui bordait la Charente. Ils passèrent le reste de la journée à s'imaginer vivre dans le quartier, avant de rentrer au Pontet-d'Eyrans le soir même.

Lorsque je repris ce passage le lendemain, et encore une fois plus tard, Mme Hébert me précisa comment elle s'était assise avec sa jupe et comment elle s'était cramponnée « au conducteur ». Je les avais imaginés avec la tête de Micheline sur l'épaule de Jacques dans le train du retour, mais avec un tel choix de mots, je dus me mordre les lèvres.

Mme Hébert ajouta que ce voyage fut pour elle un moment de bonheur, mais aussi de doute. Ainsi, elle aurait eu à abandonner ses classes. Plus qu'elle n'eût pu le consentir, elle aurait commencé à comprendre combien elle était émancipée, engagée, capable de gagner son pain, si bien qu'elle aurait eu une certaine appréhension de se voir secrétaire de son mari, d'autant plus qu'elle n'avait pas fini de payer ses études, que sa pension serait réduite et que la dévaluation du franc promettait de la laisser indigente en cas de malheur à Jacques.

C'est alors que coup sur coup, à quatre jours d'intervalle, le cousin séminariste cita à Micheline la doctrine de l'Église catholique relative aux mariages dits « mixtes », tout en lui laissant entendre que sa situation n'était pas « juste et grave » pour qu'il y ait exception, et que le prétendant, lui, pourrait très bien entrer dans l'Église catholique. Avec le biais de la Sainte Vierge on pourrait sauver l'âme de Jacques : il fallait prier et espérer.

Un cousin à Micheline : la doctrine catholique et orientation vers un
aumônier (Pont-de-la-Maye, dim. 20 juin 1943) :

Petit Séminaire 20-6-43

+

Chère Cousine

*Nous prions beaucoup pour vous en ce
moment. Chaque soir, après dîner, nous
allons tous sept, dire une dizaine de
chapelet à votre intention, à la chapelle.
C'est Jeudi que nous terminerons ~~p~~ avec
la Fête Dieu.*

*J'en ai parlé à mon directeur et voici
ce qu'il faut pour que le mariage soit*
- - - - -
possible :

*"L'Eglise ne dispense pas de
l'empêchement de religion mixte, sinon
pour de justes et graves motifs, et à
condition que la partie non catholique
laisse toute liberté à la partie catholique
a) de pratiquer sa religion et b) de~~'~~élever
tous les enfants dans la religion
catholique et que tous ces engagements
soient régulièrement pris par écrit. En
outre les deux parties doivent promettre
de ne pas se présenter devant le ministre
hérétique, à moins que ce dernier ne fasse
fonction*
- - - - -

*d'officier civil (comme maire ou adjoint)
et qu'il s'agisse d'obtenir les effets
civils."*

*Voilà ce qui est en toutes lettres dans
la Doctrine Catholique. Mon Directeur
m'a dit en outre que vous pourriez voir le
R.P. Valette, aumônier à Bx des Etudiants
et Etudiantes ~~c~~latholiques. Il l'a vu ce
matin ou hier, je crois, lui a parlé de vous.
Si vous voulez le voir, ~~fixez~~ demandez lui
un rendez-vous par lettre en vous
recommandant de M. l'abbé Léglise et il
vous recevra. Son adresse est 205, rue de
StGenès Bx.*

- - - - -

*Lui pourra peut-être vous éclairer
davantage. Mais tout cela si vous le
désirez. Je n'ai pas l'intention de vous
faire venir exprès à Bordeaux, loin de là !*

*Nous avons passé le bacc mercredi et
jeudi. C'était assez dur. Je ne compte pas
beaucoup être admis. Enfin, à la grâce de
Dieu.*

*Nous prierons encore beaucoup pour
vous. Je vous quitte en vous disant toute
l'amitié que j'ai pour vous.*

J(signature indéchiffrable)
Petit Seminaire PONT DE LA MAYE (Gde)

72

Le cousin à Micheline : exhortation à dominer la tentation (Pont-de-la Maye, jeudi 24 juin 1943) :

Petit Séminaire
le 24 Juin 1943

+
Chère Cousine

J'ai été vraiment touché par l'empressement et le zèle qu'ont mis mes camarades à prier pour vous. Ils se sont fort intéressés à vous pendant ces jours. Je ne leur ai dit que ce qui pouvait se dire et ils ont prié chaque soir avec beaucoup de ferveur et de piété. Aujourd'hui, l'un d'eux était occupé au moment où nous avons dit la neuvaine. Il m'a promis d'aller la faire seul à la prochaine récréation.

= = = = =

Ainsi, soutenue par le Bon Dieu qui nous exaucera, j'en suis sûr, vous serez forte et vous dominerez la tentation si elle se présente. Dieu est avec nous et Il combat pour nous. Soyons unis en Lui contre le démon ! Et la Sainte Vierge surtout lutte avec nous. C'est peut être bien elle qui "emportera le morceau", car votre ami peut très bien se convertir : qu'il ne croie pas que ce serait déloyal ~~de~~ envers ses parents : s'il cherche la lumière, il la trouvera dans le catholicisme qui est seule la vérité et vie. Si c'est l'idée que le catholicisme est une religion de superstition, dites-lui qu'il se trompe, car s'il y a des superstitieux dans notre religion, ils ne sont pas dans le vrai. Vous voyez que tout espoir n'est pas perdu. S'il cherche la vraie lumière, il la trouvera avec le prêtre qui l'éclairera et le ramènera dans la bonne voie.

Toujours unis en Jésus et Marie
J(signature indéchiffrable)

* *

11

C'était clair, chaque parti restait campé sur ses positions, quelqu'un devait céder et se convertir. L'allusion à la mort faite par Jacques résumait bien l'impasse. Quand il se retrouvait avec Micheline, il leur arrivait de sentir le poids du silence à force de réfléchir. Ils restèrent ainsi jusque tard un soir, enlacés sous le préau de la cour, à regarder sans bouger les explosions d'une action aérienne dans le lointain, assorties du feu d'artifice et des faisceaux lumineux de l'artillerie allemande au-dessus du fleuve.

Finalement, Micheline comprit que ce serait à elle de voir en personne ce que le pasteur de Bordeaux pourrait proposer. Ce serait une ultime tentative, car la mère de Jacques, épouse de pasteur, avait bien été catégorique. Peut-être que le pasteur de Bordeaux n'aurait, lui aussi, que la conversion à proposer, à moins qu'il ne considérât la situation « juste et grave ». Mais Micheline ne manquait pas d'imaginer aussi l'impasse totale, le statu quo impossible, et elle se trouvait toujours renvoyée à la nécessité de sa conversion. Cependant, dans un sens, dans cette collision de systèmes, le cas de Jacques était calqué sur le sien : à partir de maintenant, quoi qu'ils fissent ou ne fissent pas, ils étaient traîtres soit envers les leurs, soit envers les autres, soit l'un pour l'autre. C'était dans ce contexte que Micheline proposait de se sacrifier et de prendre le chemin de Bordeaux.

*

La gare était presque vide

La gare était presque vide; c'était tôt, le matin.

Assaillie par un sens de danger imminent, Micheline ne voyait plus rien. Elle ne pensait plus à Jacques, il était déjà loin, pourtant là, planté à côté d'elle, l'air un peu gêné. Il n'allait pas avec elle. Le cœur serré, le ventre noué, elle anticipait Bordeaux, des bribes d'explication, son anéantissement. Elle avait manqué l'eucharistie du dimanche, et aujourd'hui elle s'engageait sur une pente de non-retour. Elle se voyait au bord du Rubicon et elle n'arrivait pas à concevoir la fin de ce jour. Le vide, le vide de son enfance, le vrai vide l'avait enfin rejointe. Elle était au bord du vide, il était là, et elle était tout aussi incapable de l'accepter. Son calvaire, le vrai, ne faisait que commencer. Le train s'arrêta à peine quelques minutes.

« À demain soir. » Ces mots lui échappèrent des lèvres, comme si quelqu'un d'autre les avait prononcés, alors qu'elle essayait de fixer Jacques dans le blanc des yeux.

Le voyage ne fut qu'un tunnel d'émotions, tout son être se dissolvait sans fin au rythme du battement des roues sur les rails. La peau tendue, les mains moites, elle n'était plus qu'une masse de nerfs. Amour, religion, plus rien n'existait. Seul, un sentiment d'ignominie inexorable l'avait investie et la minait sous la forme d'une idée fixe que son corps refusait.

*

Maintenant, les phrases de Mme Hébert sont de plus en plus courtes et espacées, de petits silences se font, elle ne me regarde plus, je retiens mon souffle. Contre le néant, contre l'éclatement de ses valeurs, qu'allait-elle pouvoir trouver rue du Hâ ? Je la regarde, j'attends qu'elle me rappelle que cette rue mène précisément au fort du Hâ… à cette prison où la guillotine avait encore fonctionné quelques mois auparavant et où les autorités venaient se réapprovisionner en otages à fusiller, cette prison devant laquelle j'étais moi-même passé deux fois par jour pendant mes premières années de lycée. Mais non, même en le lui ayant rappelé, son regard me passe au travers, j'ai interrompu le fil de ses idées, je baisse la tête; elle n'a jamais fait de lien tant elle était aux prises avec son dilemme, alors et ce jour-là, son dilemme dont elle ne pensait pouvoir se tirer que par une condamnation capitale et sans appel.

*

Une fois sortie de la gare de La Bastide, donc, face à la Garonne, une bourrasque de vent lui glaça le front; Micheline était trempe de sueur et ne sentait plus rien. Bordeaux gisait là, de l'autre côté du fleuve, paisible, avec ses docks et ses immeubles gris, noirs ou démolis, et elle ne voyait que l'enfer, un enfer froid et dépourvu de toute humanité. Depuis l'attentat contre les bateaux à quai en décembre, la défense du pont de Pierre, en amont sur sa gauche, avait été renforcée. Elle en détourna le regard et fit un effort surhumain pour se rendre jusqu'à la « gondole », une espèce de barque plate, plus bas sur sa droite.

La malédiction la frappa au milieu du fleuve, entre les deux rives. Alors qu'elle se trouvait assise, crispée et recroquevillée, après une ultime tentative de résistance, Micheline se vida de son petit déjeuner, entre les cuisses, sous la jupe.

Entre les deux rives

Elle grelotait en montant sur le quai. Il lui fallut faire un détour chez ses anciens correspondants où elle devait passer la nuit, pour se laver. Comme une automate, elle reprit la direction du 32, rue du Hâ et se retrouva peu après midi devant un petit immeuble cubique à l'angle de deux petites rues sombres et tranquilles, au cœur de Bordeaux. Une petite porte étroite s'ouvrit en grinçant au centre d'une alcôve et une voix creuse et enrouée, comme si elle venait droit des profondeurs de quelques poumons caverneux, lui expliqua que le pasteur était absent; on ne pouvait prédire l'heure de son retour.

Elle avait atteint le néant du néant. « C'était un signe. »

Elle se mit à errer d'une rue à l'autre, inconsciente des risques de rafle, pour finalement se retrouver chez le vieux couple. Au fur et à mesure que le soir approchait, elle sentait une nouvelle forme d'angoisse qui la guettait dans l'obscurité humide du petit appartement, et ses hôtes s'empressèrent de la réconforter.

Le lendemain matin, il ne lui restait plus qu'une idée en tête. Son corps, vidé de toute énergie, trouva le moyen de la conduire par le plus court chemin jusqu'à l'église Saint-Pierre, au cœur d'un dédale de ruelles sombres et putrides qui longeaient les quais. Là œuvrait un prêtre spécialiste des cas difficiles. À peine eut-elle rejoint la queue du confessionnal que le prêtre sortait de la sacristie. Il la remarqua, il la considéra un instant de la tête aux pieds, et il lui fit signe de venir à lui.

Dix minutes plus tard, elle était attablée dans la sacristie, « hors d['elle] », en train de vouvoyer Jacques et de signer une lettre de rupture, avec le prêtre debout à côté d'elle.

*

Mme Hébert lève à peine les mains au-dessus de la table… la bouche ouverte, tétanisée… :

« J'eus l'impression de m'arracher le cœur… Et à lui… »

Sa réaction est brève, mais elle est là, focalisée sur sa décision, un acte pleinement assumé, laissant de côté l'absence de Jacques et le rôle du vieux couple dans son retournement. Je soupèse combien il lui coûte de sortir cette phrase, soixante-six ans plus tard, en dépit des conseils du prêtre.

Ses mémoires, qui n'offrent qu'un résumé de l'épisode du docteur, parlent de « Providence » quand nous en arrivons à ce dénouement. Et voilà que Mme Hébert surenchère, comme si elle savait ses mémoires par cœur : « Et devant Dieu, j'ai pris ma décision. »

Face à ce double langage, je me coince la langue contre les molaires alors que j'attends la suite, mais c'est déjà l'heure du déjeuner, j'ai pris trop de temps à revoir la chronologie de 42 et

43. Nous nous attablons devant un poulet aux carottes et aux pruneaux. Malgré elle, avant de commencer, Mme Hébert doit se résumer; elle reprend encore les termes de sa biographie : « Nous avions deux conceptions spirituelles diamétralement opposées... Il n'était plus question de reprendre mon travail dans la commune où le docteur exerçait... »

Dehors, je respire l'air frais, je suis reconnaissant de me retrouver dans les petites rues vides.

Le lendemain, je ferais un tour à la piscine et puis j'irais repérer le 32, rue du Hâ et l'église Saint-Pierre, en m'arrêtant devant la porte de la sacristie. Quelques jours plus tard, je serais en train de compulser des archives municipales, en quête de l'atmosphère de l'époque. C'est ainsi que j'eus entre les mains, entre autres, une note de service à propos d'un citoyen réclamant à la ville des dédommagements pour son toit qu'il disait avoir été abîmé par un parachutiste lors de l'arrivée des Allemands; il y avait aussi des comptes-rendus circonstanciés de la défense civile faits au crayon de couleur, des rapports de police sur le refus croissant de la population de se mettre à l'abri lors des alertes, ou des statistiques sur les entrées de spectacles qui avaient subitement baissé d'un tiers puis, globalement, de moitié, après les bombardements du 17 mai. Des librairies m'offriraient aussi des renseignements sur l'exposition antijuive, les rafles et l'envoi d'ouvriers en Allemagne. L'Internet, plus tard, m'indiquerait la position de quelques navires coulés ou à demi submergés que Micheline aurait pu voir lors de sa traversée de la Garonne.

* *

12

Il n'est pas clair comment Micheline est rentrée chez ses parents, à Étauliers. Quand elle y arriva, le jardin avait atteint sa pleine maturité; on y trouvait des refuges d'ombre contre ce soleil particulièrement chaud de l'été de 1943.

Au début, alors que tout le monde s'adonnait à maintes activités, Micheline arrivait mal à cacher sa léthargie. Le matin, elle restait au lit à écouter les premiers bruits de la maison et à les déchiffrer par-delà leur résonance matérielle. Par deux ou trois fois, les éclats de voix de ses parents et de ses sœurs, imbriqués dans des divergences d'opinion, montèrent jusqu'à sa chambre, amplifiés par les murs du jardin. Elle se forçait bien à participer à la vie de la famille, mais trop souvent on la trouvait en train de se laver les mains ou de fixer un point dans le vide, prostrée à l'ombre de la treille et du calycanthus. Il était bien évident pour ses proches qu'elle n'était pas dans son état naturel, non pas à cause de son épreuve bordelaise, mais plutôt à cause de la séduction du médecin.

La vie de la maison, cependant, devait continuer. Mme Ponthier, la mère, si elle n'avait pas exactement la « foi du charbonnier », elle en avait tout au moins la force et on la retrouvait sur tous les fronts. Si elle n'était pas en train de repasser ou de raccommoder, elle pouvait encore remplacer son mari à la quincaillerie quand il était dans son atelier, à la gare ou chez un client. Elle portait un tablier pour chaque tâche et ne s'accordait jamais plus de dix minutes de pause.

Les deux sœurs célibataires de Micheline avaient fini par se résigner à la routine du quotidien familial et à se désintéresser des commémorations de 14-18 où elles auraient pu trouver quelques survivants de leur âge, et ce, bien avant que les nouveaux pouvoirs ne les interdisent. Cécile faisait prospérer le jardin en asperges, salades, radis, fraises, haricots et pommes de terre; elle élevait aussi quelques lapins; quand elle était libre, elle égrenait son chapelet ou allait chanter à l'église avec des enfants. La sœur aînée, Aline, assurait la propreté de l'ensemble et que rien ne fut jeté : clous et paille des emballages, bouts de papier ou de ficelles, épingles, tout était réutilisé. Elle avait un attachement particulier pour Micheline, car c'était pour ne pas que le père interdise à celle-ci de faire sa première communion qu'elle n'était pas entrée en religion. Elle comprenait Micheline de tout son cœur et souffrait avec elle. Restée fidèle au Christ, elle se mettrait les bras en croix au moment de mourir.

De retour dans le giron familial, tout en errant parfois dans la maison, Micheline revivait sa jeunesse avec quelques vieux numéros de *La Semaine de Suzette* ou de *L'Illustration*. Elle revoyait également ses chères poupées, Suzette, Fanchon et Katie, sur lesquelles elle passait mentalement un doigt, comme pour les caresser et en récupérer la substance. Elle portait en elle un sentiment opprimant et omniprésent qu'elle n'avait jamais connu et qui lui semblait d'une profondeur insondable. Au début, elle se recueillait souvent aussi, devant un crucifix, et elle s'y arrimait de toutes ses forces. Il ne fallait pas qu'elle abandonnât, car son salut ne pouvait être que dans le Christ et par un travail de remords, celui d'avoir envisagé une autre foi. C'était souvent grâce aux méthodes apprises au catéchisme qu'elle arrivait à se remettre en état d'humilité : « Mettons-nous en présence de Dieu et adorons-le ! » Et peu à peu elle pouvait sentir l'effet relaxant de la prière, comme une sorte d'abandon, de mise en confiance et d'épuration.

On rapporta plus tard à Micheline qu'Aline, ne pouvant plus y tenir, alla vertement fustiger le docteur, comme pour bien ancrer sa culpabilité, mais toujours dans le style cryptique de l'époque : « Ce n'était pas possible ! » s'était-elle écriée au milieu de la rue. Évidemment, avec une telle exclamation, un étranger aurait pu penser à la situation économique de deux personnes vivant d'un seul revenu, peut-être même à la disparition prématurée du gagne-pain qui laisserait sa compagne sans ressource, mais il y avait un second sens qui était dans l'esprit de tout le monde.

Micheline avait aussi des amis qui essayaient de la consoler en lui désignant d'autres horizons. Elle apprit ainsi que l'Inspection académique avait immédiatement besoin de personnel pour encadrer des convois d'enfants qu'une commission municipale avait décidé d'évacuer de Bordeaux, à la suite des bombardements du 17 mai. En effet, la nouvelle base sous-marine, maintenant terminée et opérationnelle, était devenue une cible privilégiée, et ce, fait nouveau, en plein jour, mais elle était restée intacte, alors que le quartier Saint-Louis, en particulier le cours Balguerie-Stuttenberg, avait subi près de 200 morts et 300 blessés, en plus de ceux du Q. G. de la marine italienne, pulvérisé lors de la seconde vague. Le 31 mai, un train avait déjà évacué 400 enfants sur Agen.

Donc, toujours en cette fin de juin 1943, Micheline alla aussitôt se mettre à la disposition de l'Administration. Le personnel était au complet et on ne fit que prendre ses coordonnées.

Aussitôt après, encore une fois grâce à ses relations, Micheline trouva un poste de préceptrice pour l'été. On demandait d'assurer le maintien d'instruction de deux garçons de 9 et 11 ans, dans un château des environs de La Réole, au bord de la Garonne. Ainsi, « quelqu'un veillait » sur Micheline.

La journée commençait avec une messe à 6 h 30 et était rythmée par les leçons et par les repas que Micheline partageait avec les châtelains. Les enfants étaient parfaitement bien élevés et Micheline aimait les emmener faire des promenades à bicyclette le long de la Garonne. C'était la saison des cerises et des pêches. Celles-ci étaient énormes et fermes, enrobées d'un parfum qui envoûtait les sens; leur peau émettait un petit claquement en cédant sous les dents, avant de faire gicler le suc sur la langue. Puis, après s'être allongé sous l'ombrage des branches qui surplombait la berge, le trio pouvait se laisser pénétrer de la force tranquille des flots qui n'avaient jamais cessé, dans leur élan, de louvoyer et nourrir la terre. Un jour, ils s'attardèrent ainsi à attendre la petite vague du mascaret qui paraissait bien insignifiante ce mois-là à cette distance de la mer.

Cependant, avec le cœur et la tête qui baignaient dans un sentiment de dévastation totale et permanente, Micheline avait parfois l'impression de s'épuiser à force de s'évertuer à chaque instant à ne plus penser à elle-même. Et à quoi pensait Jacques maintenant ? Que pensait-il d'elle ? Avait-il commencé une nouvelle vie ? Mais, est-ce qu'elle voulait le savoir – avait-elle le droit de savoir ? Elle en était à se demander si toute sa vie ne serait pas minée par sa situation. La citation du vieil Arabe que Jacques lui avait faite lui revenait avec d'autant plus de force qu'elle ignorait qu'elle se rattachait aux idées d'Averroès sur les objets et leurs contextes sans lesquels rien ne devait exister – l'être, le non-être et donc la mort –, tout en manquant d'accepter l'unité humaine comme contexte à part entière. Pour Micheline, pour retrouver son existence et la vie par le biais du sous-contexte qu'elle prenait pour sien, il fallait prier, tenir, ne pas lâcher.

À peine une dizaine de jours plus tard, un télégramme lui annonça qu'on l'attendait fin juillet pour diriger un convoi d'évacuation de jeunes Bordelais sur le centre de repliement de Lourdes. « Chrétiennement » elle ne pouvait refuser; malgré le regret de ses hôtes, elle allait pouvoir se consacrer aux autres, à une foule d'autres, et oublier. Encore une fois, « quelqu'un veillait » sur elle. Mais avant de partir pour l'Inspection académique, elle fit un bref détour par son pays natal, notamment pour se prémunir de son radiateur électrique contre le froid des montagnes, et elle tomba sur Iroz qui ne se doutait de rien ou semblait prendre le parti de Jacques, ce qui aurait prouvé alors que Jacques avait bien reçu la lettre de rupture : « Pourquoi êtes-vous partie ? » lui demanda-t-il. Par sa simplicité, cette question était d'autant plus troublante qu'elle suggérait qu'il existât des raisons au-delà de celles que Micheline s'était données.

C'est aussi vers cette époque, vers le 15 juillet, que Micheline envoya à Jacques une seconde lettre pour s'expliquer. Peut-être déçue de ne recevoir aucune réaction de Jacques, elle avait ainsi décidé de mettre les points sur les i. On peut aussi imaginer qu'il lui fallait dissocier son acte vis-à-vis Jacques de la direction contraire qu'elle prenait, et qu'une telle dissociation ne pouvait se faire qu'au moyen d'arguments destinés à la convaincre elle-même en premier lieu, et par-delà, à se justifier et survivre. Se détacher de son engagement originel, tel qu'elle le fit pour pouvoir écrire cette lettre, impliquait une abomination vis-à-vis d'un être humain qu'elle cherchait à concilier avec sa foi. Ainsi, en rapport à la conception spirituelle dont elle se réclamait, son choix du terme « diamétralement opposé » faisait allusion aux mathématiques, et donc à la science et à la logique, c'est-à-dire à un travail cognitif assorti d'une conclusion voulue imparable qui, en fait, avait été une prémisse initialement escamotée et rétablie sous la pression de forces psychosociales. Et si elle avait pensé avoir des remords d'avoir fait espérer vainement l'homme qui s'était ouvert à elle, elle se raisonnait que ce ne pouvait être que de la prétention qui avait sa source dans l'orgueil qu'elle avait eu de pouvoir imaginer qu'elle pouvait défier l'ordre établi et bafouer sa religion. Elle ne demandait pas pardon, car Jacques, plus tard, n'y fera pas allusion. Ce n'est qu'après ce genre de mise au point que Micheline pensait pouvoir réellement envisager sa contrition et son « Grand Retour ». Telle est l'explication qu'on peut se faire de la lettre explicative à ce stade.

Le Grand Retour proprement dit était un mouvement de retour à la foi catholique, qui venait de prendre son essor au printemps de la même année, à Lourdes, où le nombre de miraculés avait lamentablement chuté depuis les années vingt. Ce mouvement se faisait aussi dans le contexte des réformes du nouveau régime, parallèlement à un « espoir de réconciliation entre les peuples », avec le souhait, précisément, du retour de plusieurs centaines de milliers de soldats toujours retenus prisonniers en Allemagne – miracle d'autant plus réalisable, et triplement faux, que le travail obligatoire en Allemagne venait d'être institué au début de la même année comme moyen de faire revenir les prisonniers à raison de trois ouvriers pour chaque prisonnier.

* *

13

La prise en charge en gare de Lourdes se fit avec plus d'une heure de retard. Les évacués représentaient une soixantaine de garçons et filles de 7 à 15 ans qui avaient épuisé leurs provisions dès le départ de Bordeaux, cinq heures plus tôt. Micheline et ses deux accompagnatrices durent les faire patienter jusqu'à ce qu'on vînt les chercher. Le groupe se retrouva alors enveloppé par une atmosphère de tranquillité, imprégnée de l'air frais des montagnes, et surplombé par des toits d'ardoise. Insensibles au superbe de « ces messieurs » de l'hôtel face à la gare, les jeunes Bordelais se dirigèrent en rang par deux à travers les petites rues jusqu'au pied d'un château fort où se dressait l'Hôtel de la Grotte. C'était un centre de triage par sexe et par âge dans lequel on épouillait les enfants. Comme les filles se mirent à pleurer qu'on leur tonde la tête comme les garçons, on se servit de peignes à poux dans leur cas. Les enfants furent ensuite répartis dans les hôtels, jusqu'à cinq par chambre.

Il se trouva que l'arrivée de Micheline coïncidait avec la promotion du chef du centre médico-scolaire de l'Hôtel Saint-André, un hôtel réservé aux garçons, à deux pas de l'Hôtel de la Grotte, de l'autre côté du gave. On lui proposa de le remplacer. Comme Micheline n'avait que 26 ans et qu'elle avait prévu repartir sous peu pour Bordeaux, elle estima qu'il valait mieux décliner. Les cadres, alors, la firent asseoir et repartirent à la charge. Ils voulaient tout savoir de ce qui l'attendait à Bordeaux. L'Inspection académique n'avait plus de mission pour elle, ni à Bordeaux ni ailleurs, et il était trop tôt pour savoir si elle pourrait obtenir une mutation hors d'Eyrans. On était en train de lui ouvrir les yeux. Elle comprit, en outre, qu'en permettant au chef du centre d'accepter sa promotion d'inspecteur, elle contribuerait au bien-être de ses huit enfants. Elle se laissa convaincre et resta dans la ville sainte.

Ainsi, l'année qui suivit, Micheline se voua corps et âme à l'administration du centre. En l'espace de quelques mois, Lourdes allait héberger plus de deux mille jeunes provenant des ports stratégiques et de Paris, et encadrés par une soixantaine de moniteurs et monitrices. Ceux-ci étaient issus principalement de l'enseignement et du scoutisme, ainsi que de l'armée, avec quelques militaires démobilisés. Le travail consistait à veiller à la sécurité et au ravitaillement des enfants, et à leur assurer des loisirs et l'enseignement. Pour ces enfants devenus inhabituellement dociles dans ce nouveau milieu, il fallut également bâtir une vie communautaire aussi proche que possible de leur ancien climat familial et affectif.

Tout cela se préparait le jeudi matin, dans un petit labyrinthe de bureaux et de couloirs imprégnés d'une odeur de nicotine et de chicorée. On parlait ainsi de tickets et de grammes relativement au camembert (comparé à du plâtre), au pain noir, aux deux morceaux de sucre et aux rares pommes de terre, toujours en tenant compte de la différence de ration selon que les enfants avaient plus ou moins de 13 ans, en particulier au sujet du lait; on traitait séparément les betteraves, les rutabagas, les topinambours et les carottes. Malgré tout ce système de répartition qui supposait une égalité des besoins au sein des groupes, les enfants étaient constamment affamés, et il en était de même des moniteurs. Un soir, alors que l'un ceux-ci se plaignait de tiraillements d'estomac, Micheline lui fit chauffer de sa farine d'Étauliers dans de l'eau, sur le réchaud de son bureau.

Le centre médico-scolaire Saint-André
(Lourdes, 1943-1944)

Parfois, au début, lorsqu'elle quittait une réunion, Micheline se surprenait à penser à elle-même, à sa situation, et à rien d'autre. Ce fardeau lui paraissait plus lourd que le travail. Ses premières après-midi, alors que les plus jeunes évacués faisaient la sieste et que Micheline avait quartier libre, elle alla ainsi se recueillir tout naturellement à la Grotte ou à la Basilique, à peine à 200 mètres de l'hôtel. On y célébrait, à cette dernière, la messe le matin de bonne heure. Les fidèles se faisaient un peu plus nombreux cet été-là, et c'était lors des offices, en présence des quelques incurables ou handicapés à vie, infirmes ou mal formés, alignés sur leurs lits ou leurs fauteuils et émettant de temps en temps un soupir rauque, que Micheline réussissait à se délester de son fardeau et qu'elle pouvait réfléchir et canaliser son énergie vitale sur le mieux-être de son prochain, car enfin, le mal qui la tourmentait se trouvait aussi chez les autres, et lutter contre ce mal-là, c'était lutter contre son propre mal et faire d'une pierre deux coups. Et ainsi, lentement, sans orgueil, Micheline commençait à rehausser son amour-propre.

Le soir, par contre, après sa tournée de bordage des lits, alors que le silence revenait sur la ville et s'infiltrait dans l'hôtel, seule dans sa chambre à sentir le vent pénétrer par la fenêtre ouverte, il lui revenait dans la poitrine, au rythme de ses battements de cœur, comme au rythme d'une vie étrangère à la sienne et ayant une volonté propre, le sentiment d'une perte sans fin, monumentale, insondable, comme un sortilège la condamnant au vide absolu, au néant et à la survie – à la solitude et à la stérilité.

D'autres soirs, tout en réussissant à se soulager avec des prières, elle se convainquait de mieux en mieux que ce sentiment ne pourrait pas la poursuivre encore longtemps, que son bonheur avec Jacques avait été religieusement incomplet et par conséquent faux. Elle acceptait sa solitude et pensait même la mériter.

Le jour, elle se retrouvait avec les moniteurs à des réunions ou à des repas. Dans l'ensemble, tout le personnel était déraciné, comme elle et comme les enfants. La plupart était composée d'êtres qui s'effleuraient les uns les autres sans trop se livrer, tout en affichant de la bonne humeur. Ils se trouvaient comme dans une île de naufragés qui se laissaient de temps en temps à couler des bribes de vies antérieures au dîner. Au début, à les voir assis à table en train d'attendre l'arrivée du service, Micheline aurait pu les imaginer dans la salle d'attente d'une gare, une sorte d'antichambre du reste de leurs vies. C'est un peu aussi comme le voyait une jeune monitrice, Mlle Marche, qui, à force d'orbiter autour de Micheline, finit par devenir sa confidente.

Petit à petit, il apparut qu'au sein du personnel se trouvaient au moins deux réfractaires au travail obligatoire, mais on continua de s'adresser à eux en fonction des noms apparaissant sur leurs cartes d'identité. Il y avait aussi deux clandestins en attente d'un passeur pour l'Espagne, et qu'il fallut cacher dans des placards du deuxième étage lors d'une panne d'électricité, pendant les vérifications des réparateurs. Et tout comme la police française, les Allemands s'intéressaient également aux interdits de séjour, mais ils ne découvrirent jamais la douzaine de garçons juifs à qui on avait donné des prénoms chrétiens et qu'on ne manquait pas d'emmener comme tout le monde, en cape et béret, à la basilique du Rosaire le dimanche, écouter les chants de chorale. Ces chants étaient encadrés par des chanoines et un abbé, tous originaires de la zone nord-est, interdite au retour des réfugiés et réservée aux colons allemands. Les enfants chantaient aussi *Un kilomètre à pied* et *Lundi matin* lors des excursions pédestres, comme quand les moniteurs les emmenaient escalader le pic du Jer, en amont du gave, ou se baigner au Lac, en aval.

Il était évident que quelqu'un du centre ou de l'hôtel devait avoir des liens avec un réseau de faux papiers ou avec une mairie, et le moins Micheline en savait, le mieux ça valait. Il fallut donc à Micheline comprendre que le langage cryptique, les sous-entendus et les non-dits, déjà bien établis avant son arrivée, formaient le paravent de la vie secrète de son centre. D'autre part, parmi les séminaristes alsaciens qui avaient été ordonnés prêtres prématurément pour échapper à l'armée allemande, un petit nombre se montrait bien gaillard et dut faire l'objet d'une surveillance particulière. Pendant ce temps, les Allemands avaient déterminé que les passages en Espagne étaient en augmentation, si bien que les contrôles de la *Gestapo* furent de plus en plus fréquents.

Photo : anonyme, copie J. L. F. Lambert; source : P. Abadie-Douce (via G. Piquet)

Micheline, ses collègues et quelques évacués
(Lourdes, 1943)

* *

14

Les jours de canicule de 1943 arrivèrent et passèrent. Les excursions, promenades, jeux de plein air et messes se succédaient à un bon rythme. On envisagea même de préparer à leur première communion quelques enfants pouvant s'y intéresser. Un jour, un jeune moniteur qui se permettait tous les luxes du moment revint d'une randonnée dans les montagnes avec un chevreau et fit le bonheur du cuisinier de l'hôtel. Au dîner qui suivit, le personnel put s'imaginer être à un banquet. Les enfants, envoyés à leurs chambres plus tôt que d'habitude, se rendirent compte du stratagème et ce fut Micheline qui alla les convaincre dans la cage d'escalier qu'on ne pouvait diviser un chevreau en cent morceaux.

C'est à ce moment-là que Micheline remarqua qu'un des réfractaires au S.T.O., Claude, avait une certaine attention pour elle. Il avait obtenu depuis quelque temps déjà la charge d'un autre hôtel, réservé aux enfants incontinents. Au fur et à mesure que les semaines passaient, les opinions, impressions et expériences dont ils se faisaient part prenaient la forme de petits secrets.

*

La chèvre de M. Seguin avait tenu plus longtemps que sa cousine, et Micheline, tout aussi au pied des édelweiss, tiendrait encore plus longtemps, et elle survivrait : elle avait maintenant un second confident, en plus de Mlle Marche. Mais il ne faut pas s'y méprendre; avant même que j'y pense, Mme Hébert met les points sur les i : Claude, de son vrai prénom Jean, était un jeune homme honnête, à la conversation agréable, qui avait une fiancée dans le Périgord, et Micheline n'aurait pu se laisser aller à « faire des bêtises », car elle n'éprouvait aucune « pulsion sexuelle » envers lui.

*

Alors que la fin de l'été approchait et que les moissons n'étaient pas encore entièrement distribuées, aux alentours du grand pèlerinage qui se tint début septembre, Micheline et une monitrice partirent à la recherche de nourriture dans les environs. C'est ainsi que dans une ferme elles se firent offrir du lait et des œufs qu'elles gobèrent bien joyeusement. À peine quelques heures plus tard, elles étaient complètement terrassées au lit.

Et puis ce fut l'anticipation d'une rentrée sans enseigner, mais finalement on mit au point un enseignement plus ou moins structuré, et la nouvelle année scolaire prit forme dans les diverses salles des hôtels, alors que l'été n'en finissait pas de s'étirer. Il était temps qu'il y eût moins de promenades, car certains enfants pouvaient de moins en moins les supporter, alors que d'autres, obsédés par la nourriture, malgré les dons spontanés de quelques habitants, finirent par se laisser aller aux chapardages et aux fugues, et ce fut les gendarmes qui durent les ramener. On redoutait alors que les gendarmes tombent sur un tract d'avion de nuit ramassé par les enfants et d'avoir à expliquer où on l'avait trouvé et à justifier les allées et venues, et donc l'identité, du personnel. Octobre passa, novembre était maintenant là à balayer les feuilles mortes et c'était comme si on essayait d'engranger un peu de chaleur pour l'hiver quand on pouvait s'offrir une poignée de marrons grillés dans les rues.

Au début de novembre, alors que Claude et Micheline passaient comme tous les matins remettre leurs rapports de la veille à l'administration centrale, à l'hôtel de la Grotte, et prendre le courrier, Micheline reçut une lettre dont elle crut reconnaître l'écriture. Elle l'ouvrit donc... Et soudain : « Ma chère Micheline » ... Vite, qui ... signé... Jacques : « Votre Jacques » ... Jacques ! Il était là, entre ses mains !... Le papier ... La lettre ... elle lui brûlait les mains !... La paume de la main, les avant-bras... Elle en avait le souffle coupé.

Elle se mit à courir comme une dératée... en direction du gave...

Elle se mit à courir

Elle n'allait quand même pas... « Micheline ! » Claude se lança à sa poursuite. Il la rattrapa au milieu du petit pont. Elle éclata en sanglots sur son épaule.

*

« Mais non, jamais de la vie ! » C'est ce que Mme Hébert me répondit lorsque je m'engaillardis de lui demander si elle n'allait pas... Non, elle n'allait pas... Elle s'était mise simplement à courir en direction ... de son hôtel... « On ne se suicide pas – il est interdit de se suicider chez les catholiques. » Et de toute façon, quel en aurait pu être le motif ?

*

La lettre était bien de Jacques. Sur le moment, elle lui apporta de la joie, sinon du soulagement. Jacques ne lui faisait aucune remontrance. Au contraire, il lui demandait pardon, ou plutôt, il s'embrouillait en essayant de demander pardon sans arriver à pouvoir clairement demander pardon. Il avait écrit le soir, sans doute tard. Il faisait marche arrière comme Micheline, comme si elle lui avait ouvert les yeux. Il se faisait l'écho du point de vue de Micheline et s'unissait ainsi une dernière fois à elle, tout en lui décrivant comment il l'avait cherchée partout après leur « séparation brutale ». Il ne laissait entrevoir aucune possibilité de retour, ce qui n'était pas impossible, mais l'appel de la nature auquel ils s'étaient laissé aller était comparé à de l'orgueil vis-à-vis de forces déifiées. Tout ce qu'il désirait était un seul dernier petit mot de pardon à conserver dans son cœur avant d'aller « humblement [...] faire la Volonté du Christ ». Il n'y avait ainsi aucune référence à une possible conversion de sa part.

Jacques à Micheline : résignation, demande de pardon, adieu (Saintes, mardi 2 nov. 1943, soir) :

> *Saintes 1- 2 Novembre 1943 (soir)*
>
> ## *Ma chère Micheline*
>
> *Malgré le désir de respecter un silence que vous m'avez demandé et que j'ai compris , bien qu'il m'ait été aussi pénible que pour vous, voici une missive dont je m'excuse et qui vient l'interrompre bien que je ne pensais d'abord pas vous l'envoyer.*
>
> *Cette décision n'est pas que l'aboutissement de l'état de déséquilibre dans lequel je me trouve depuis notre séparation brutale et votre lettre du 15 Juillet. En écrivant tout ceci je ne voudrais point que vous attachiez sur ma situation actuelle le moindre sentiment de compassion ni de regret de ce qui a été fait devant Dieu ; je sais combien cette lettre que vous m'avez envoyé vous a été pénible à écrire, à envoyer et combien de larmes elle vous a coûté et vous coûte encore - Ce besoin de vous confier ceci a été constant depuis notre séparation , et ni l'isolement, ni le désir de finir loin , ni les nuits d'insomnie et de prières , ni les occupations professionnelles ou familiales , n'ont pu amoindrir ce désir , et bien au contraire n'ont fait que le renforcer en un devoir qu'il serait monstrueux de différer encore –*
>
> *A plusieurs reprises , cet été , j'ai été au Pontet pour m'occuper de questions materielles qui sont pour moi bien secondaires ou même pour des "distractions" telles que la chasse au canard sauvage ; le but réel de ces déplacements n'était autre que l'espoir de vous rencontrer une fois sur mon chemin - Dimanche, étant à Marennes chez mon frère, j'ai été au service religieux , ce que je fais chaque fois que j'en ai la possibilité ; ce service était terminé par la Sainte Cène et je suis resté cloué sur mon banc malgré le desir interieur d'y participer . C'est là que j'ai compris la cause*

= = = =

*de ce désordre , aussi hier ai-je pris la route pensant qu'à
l'occasion de la Toussaint , vous viendriez peut être voir
votre famille et même Iroz . Vous* ~~me~~ *n'êtes pas venue au
Pontet et ce matin je ne vous ai pas vue à l'autorail de midi
en gare d'Etauliers, aussi pensant que Dieu en avait décidé
autrement je suis reparti en moto vers Saintes.*

*Ce que je souhaite depuis si longtemps c'est l'apaisement
interieur , autrement dit le Pardon , or ce Pardon je ne puis
l'obtenir ni le demander avec conviction tant que je n'aurais
obtenu le votre . J'ai tant à me reprocher à votre égard ,
je vous ai fait tant de mal que je n'ose vous le demander -*

*Si vous pensez pouvoir le faire , je vous demanderais de
ne pas m'envoyer de lettre , mais seulement un petit mot, un
seul , qui serait le dernier et que je conserverai dans mon
cœur.*

*Par la suite vous n'entendriez plus parler de moi .
J'attend la fin des évenements actuels , puis je pense repartir
, non pour finir un souvenir, ~ la Justice d'en Haut , mais
pour tenter humblement de faire la Volonté du Christ à
travers les connaissances et les enseignements qu'Il a bien
voulu me confier pour mon sejour sur Terre -*

*Ma pensée a toujours été avec vous , de même que mes
prières et je demande encore à Celui qui a voulu briser notre
orgueil ne nous garder de tout mal et de nous conserver dans
le Droit Chemin . même si les épines doivent encore être
nombreuses et acerées.*

*Au revoir . ou plus exactement adieu et permettez une
dernière fois que je vous embrasse bien tendrement*

       * *

    *   *Votre Jacques*

Dans sa missive du 15 juillet, Micheline lui avait expliqué son retournement, elle lui avait interdit de lui écrire, et maintenant il lui répondait. Les acrobaties cognitives qu'elle accomplissait depuis juillet étaient compromises.

Elle saurait se montrer à la hauteur. Elle lui répondrait. Parce qu'il lui fallait répondre. Car une chrétienne sait être civile par définition. Et elle lui démontrerait combien elle était solide dans ses résolutions, et peut-être par là même digne de lui. Et il lui répondrait. Cependant, par-delà son choix de Lourdes, Micheline avait choisi le purgatoire et c'était une épreuve à laquelle elle ne devait échouer.

Et comme ça encore, à deux reprises, ils se récriraient, jusqu'à la dernière lettre de Micheline, du 8 décembre, et à celle de Jacques, du 17 décembre. Leurs mots, au fond, ne signifiaient rien et n'avaient jamais rien signifié, sinon des contradictions par rapport à leurs gestes. Ils ne leur avaient servi qu'à prendre contact et à rester tels, sur une voie transsubstantiée, la voie du Christ, en sublimant le respect de leurs fois respectives. Et ni l'un ni l'autre ne chercherait à expliquer le pourquoi de ses contradictions, à aller jusqu'au fond du problème, sinon qu'à l'assimiler à une erreur, à une faute, à de l'orgueil ou à du mal.

Dans sa deuxième lettre, du 11 novembre, qui, en fait, en remplace une autre, brûlée, on découvre un naufragé intégral, tout aussi vacillant que son écriture et, se croyant toujours dans la tempête, qui cite des passages de la Bible et converse avec Dieu au milieu de ses insomnies. Il avait suggéré un pardon de Micheline dans sa première lettre, mais maintenant, c'est aussi à Dieu qu'il vient de demander pardon, et si Micheline lui a pardonné, c'est parce qu'elle a la bonté d'une martyre. Il ne signe plus « Votre Jacques ».

98

Jacques à Micheline : le Nouveau Testament et deuxième adieu
(Saintes, jeudi 11 nov. 1943) :

Saintes le 11 Novembre 1943

Ma chère Micheline

*Votre lettre m'a fait beaucoup de bien . Cette lettre vient
je le sais de votre bon cœur et aussi vous a été inspirée pour
venir me sortir de ma torpeur - Hier j'avais écrit une lettre
pour vous. J'étais encore dans l'état d'esprit dans lequel
j'étais déjà depuis si longtemps , aussi sera-t-elle brûlée sans
un regret. Dans votre lettre je ne voyais qu'une chose , c'était
votre joie intérieure d'avoir accepté un sacrifice douloureux
demandé j'en suis sûr par Dieu lui-même pour vous servir
d'épreuve. J'en ai la certitude en ce moment. Or cette
épreuve je ne l'avais pas acceptée , mon esprit se refusait à
la croire nécessaire et la révolte grondait sourdement en moi.
J'ai honte de vous confesser tout ceci et pourtant c'est la
vérite' .*

*Hier soir , ainsi qu'hier après-midi j'ai demandé à Dieu
de me venir en aide , de m'éclairer ; je n'ai pas reçu la
réponse que dans mon orgueil je pensais obtenir de suite .
Comme je savais que dans Sa Bonté Il me répondrait si je
persévérais ("perséverez dans la prière"), je Lui ai demandé
humblement pardon et me suis mis à Sa disposition pour faire
Sa volonte' .*

*Cette nuit je me suis éveillé et j'ai senti que Dieu me
demandait quelque chose . Je m'en suis donc remis à Lui et
Lui ai demandé d'avoir la force de comprendre Son appel.
Comme je lui demandais Sa Lumière , je pensais que je
l'avais sous la main à mon chevet. Dieu me demanda de lire
la "Tempête apaisée".*

*Oui c'était bien cela, j'étais dans la tempête , et quelle
tempête aux yeux des hommes - Je me levais donc et pris mon
Nouveau Testament; dans mon ignorance je ne savais où
trouver ce récit , cependant j'étais décidé à le trouver.
J'ouvre donc le Livre et je vis immédiatement que dans Sa
Bonté Dieu me tendait la main , la première page ouverte*

était au chapitre 8 de Saint Luc et mes yeux tombaient immédiatement sur le verset 22 , début du récit - Juste avant ~~cette~~ se trouvent quelques versets sur la Mère de Jésus - Cherchant plus de Lumière je pensais trouver une

$$= = = = =$$

autre présentation, par exemple dans Saint Matthieu.

   Je tombais d'abord chapitre 12 , verset 46 , puis cherchant toujours, chapitre 14 , versets 22 à 33 - C'était plus que je n'en espérais aussi j'en remercie encore Celui qui a dit "Demandez et vous recevrez" –

   Dieu me demanda d'écrire cette lettre , je me mis donc en place et dans une communion bien fragile je commençais – Peu après, la lumière s'éteignit; sur le point d'abandonner ~~et de me rendormir~~ une voix se fait entendre "Veillez et Priez" - Quelques instants plus tard la lumière était revenue - Les mots venaient difficilement et à plusieurs reprises me revenait cette parole qui est un reproche "Homme de peu de Foi". Puis la main tendue était toujours- là –

   La réponse à votre demande , la voici : Vous me demandez | - - - - - - - - - censuré par Mme Hébert - - - - - - - | dans les Ecritures, qui est donc humain, artificiel - Ceci, je ne le puis, je n'en ai pas le droit. Et comme dit Saint Luc chapitre 8 verset 16 : une lampe n'est pas pour être mise sous un boisseau (surtout quand cette lampe n'est autre que la Parole elle-même).

   Jusqu'à présent je n'ai été qu'un figuier sterile, un tambour qui résonne , pour ne pas dire une mauvaise herbe . Je m'en confesse bien humblement.

   Dans ~~s~~Son immense Bonté et par Sa Grace , Dieu voudrait que tous les hommes soient sauvés ; il nous demande cependant de le vouloir et de lui demander et en même temps de faire le don complet de soi-même à Son service - Recevoir est beaucoup , or nous avons beaucoup reçu , il nous sera beaucoup demandé et nous serons jugés d'après nos fruits, nos œuvres - "Maudit soit le figuier sterile car il sera jeté au feu !" (même paré d'une belle ramure)

Dans ma lettre je vous demandais pardon de tout le mal
que je vous avais fait ; votre réponse n'est que le reflet de
votre grande bonté; vous pardonnez à ceux qui vous font du
mal comme les martyrs pardonnaient à leur bourreau.
Cette lettre écrite au crayon sur un
vilain papier se termine, le jour va poindre –

= = = = =

Encore une fois, je rend Grâce à Dieu d'avoir eu pitié de
moi, d'être venu apaiser cette tempête et aussi de vous avoir
gardé sous Sa Protection et donné Sa Paix . Je Lui demande,
au Nom de son Fils Bien-aimé, mort pour nos péchés, de vous
garder toujours de tout mal et de vous donner Sa Force et Sa
Lumière -
Que la Volonté de Dieu soit faite et si telle est Sa Volonté,
je ne puis que vous dire le cœur encore gros : Adieu, ce qui
veut dire aussi Au Revoir
Jacques

Dans sa troisième lettre, du 21 novembre, où il s'est
ressaisi et interpelle trois fois Micheline par son nom (il lui
souhaite ses meilleurs vœux d'anniversaire), et où il fait deux
fois référence à la mort (avec une majuscule), s'il a été
pardonné, cela s'est fait par la grâce de Dieu. De plus,
maintenant qu'il a perdu sa situation, sans doute après s'être
engagé pour le cabinet de Saintes, il a eu le temps d'étudier des
travaux théologiques et, aussi respectueusement que possible,
tout en ayant fait ressortir les divergences entre catholicisme et
protestantisme, il fait allusion à l'unité des chrétiens, mais
réaccepte aussitôt leurs différences de croyances. Il invite
ouvertement Micheline à examiner les éléments de sa foi pour
lui montrer qu'il serait légitime qu'elle ait des doutes. Dans le
post-scriptum il propose indirectement de continuer leur relation
et reprend son ancienne façon de signer.

Jacques à Micheline : repentir confirmé et invitation à examiner sa foi et à poursuivre leur relation (Saintes, dim. 21 nov. 1943) :

Saintes le 21 Novembre 1943

Ma chère Micheline

Depuis ma dernière lettre qui est plutot le récit d'une nuit, j'ai senti que celle-ci était incomplete et qu'il me fallait y ajouter quelque chose.

Tout d'abord cette nuit a été pour moi une épreuve salutaire et bien nécessaire ; en effet je n'avais pas accepté le sacrifice demandé et la révolte grondait interieurement.

J'ai été brisé et depuis le calme est revenu.

Hier j'étais à Marennes et j'en parlais avec ma belle-sœur. J'avais même envisagé un moment d'aller passer un Dimanche à Lourdes. Réflexion faite je préfère m'abstenir , vous comprenez pourquoi -

Je vous ai toujours dit que je croyais aux miracles , car Dieu dans Sa Bonté en accompli journellement. Je crois qu'un miracle à grand fracas est possible, en tant que témoignage de la Toute-Puissance de Dieu lorsque la personne a reelement la Foi et surtout lorsqu'Il en décide ainsi - Cependant les miracles qui se produisent dans le profond d'un cœur , sans tapage exterieur , sont aussi grands que les autres et peuvent par la suite donner autant de fruits et même plus - Qu'est-ce que le fait d'un pécheur repentant qui se voit, par la Grace de Dieu , pardonné et qui par la suite suit le Guide Suprême , sinon un miracle ?

Je dis ceci car depuis plusieurs jours j'ai lu dans les Evangiles, toute une suite de miracles du Christ. Il en est un cependant, relatif à la question que vous m'avez posé , auquel j'ai bien ~~pensé~~ souvent pensé , principalement ces jours-ci , c'est le miracle de la Messe -

Je ne voudrais pas vous faire de mal et ne sais comment m'exprimer . Je demande à Dieu de vous faire comprendre ma pensée pour votre Bien et votre Paix interieure -

Je sais que la Messe est le fait crucial de la croyance Catholique . Or jusqu'à ces jours-ci je ne savais que peu de choses sur sa signification profonde-
Deux articles d'un théologien, que je viens de lire dans un journal religieux montrent en parallèle

= = = = =

la Messe et la Sainte-Cène. Je ne pense pas qu'il y ait de parti-pris à cela , aussi je les joins à cette lettre.
Personnellement je ne pensais pas que sur cette question nous étions si près, bien que séparés – J'ai lu ~~cent~~ *ces articles très attentivement, ils seront plus éloquents que moi-même , et ne puis rien ajouter car ils ont été pour moi une révélation -*
A coté de ceci il y a d'autres divergences aussi importantes, en voici quelques unes que vous connaissez : la Sainte Vierge et les Saints peuvent-ils agir comme intermédiaires sur Terre entre Dieu et les hommes, ou bien le Christ est-il le seul auquel Dieu ait donné ce pouvoir ? La réponse des évangiles serait à mon avis dans ce dernier sens – Pour ce qui est d'autres questions telles la Confession, le pardon par l'intermédiaire du prêtre , les pénitences , le purgatoire , | - censuré - |, | - censuré - |, | - censuré par Mme *Hébert - |, vous savez ce que j'en pense.*
Je m'excuse un peu de tout ceci , si je vous l'ai dit c'est uniquement pour que vous compreniez mon attitude de l'autre jour.
Si vous étiez tant soi peu troublée par ce qui précède , je vous demande , aussi extraordinairement que cela puisse paraitre , d'aller voir un prêtre et de lui présenter vos doutes.
Nous sommes des humains et nous sommes faibles ; il nous faut pour conserver le Droit Chemin , conserver la main que le Guide nous tend, mais il faut aussi ne pas chercher à troubler notre pauvre intelligence par des considérations que des théologiens plus ou moins inspirés ont successivement édifiés en dogmes, soi-disant inflexibles depuis des siècles, qui nous séparent et qu'il nous est difficile d'atteindre.
Je demande à Dieu toutefois , de même que l'auteur de cet article , d'inspirer certains hommes des diverses sectes

chrétiennes , en vue d'une compréhension plus exacte de cette phrase : "Dieu est Amour" ainsi que de celle- ci : "Qu'ils soient un" –

C'est à la fois à cause de notre orgueil humain et à cause de la "tiédeur" de la Foi Chrétienne en général , que le pauvre monde en est où il est, et que nous sommes encore si loin du Règne de Dieu sur la . Terre –

$$= = = = =$$

Une phrase que j'ai entendu partout (même dans la bouche d'Arabes) est celle-ci : "changer de religion est pire que la Mort." Or changer de croyance est aussi, bien dangereux, car, à moins de cas exceptionnels où le changement se fait face à Dieu et suivant Sa Volonté, sans arrière-pensée aucune il est bien rare que l'on ne revienne adorer ce que l'on a brulé. Le résultat, pire que tout, n'est autre que la perte de toute croyance, de toute Foi; c'est la Mort de l'Ame.

Micheline, je sais que j'ai été pardonné, je le sens et j'en rend Grâce au Christ et par Lui à Dieu son Père.

J'ai perdu ma situation, ici je suis en surnombre et ne travaille pas; vous m'en voyez tout heureux, car j'ai une autre Richesse et si j'étais resté au Pontet, je ne sais si j'en serais où j'en suis – c'est une vraie benédiction après l'épreuve.

Micheline, ma pensée continue comme par le passé à être avec vous et mes prières de même.

Je demande au Christ de vous garder avec Lui, ainsi que votre famille et vos amis et Lui demande aussi d'orienter votre vie d'ici-bas vers un bonheur complet.

Micheline, je vous envoie avec mes meilleurs vœux d'anniversaire, mes affectueuses, et je dirai même chrétiennes pensées.

Jacques

P.S : À la suite de ces quelques lettres, je vous laisse libre de décider un arrêt de toute relation entre nous.
Je respecterai votre silence. S'il en était ainsi, tout en conservant de vous un pieux souvenir, je reprendrais tout de même la route avec courage et confiance. Ayez la bonté toutefois de m'indiquer votre décision. J'aurai la patience d'attendre celle-ci.

Votre Jacques

D'après sa quatrième et dernière lettre, du 17 décembre, il est évident que Micheline a décliné de continuer leur relation. Dans l'esprit de Jacques, ils se retrouvent ensemble sur le même chemin de la volonté du Christ, le chemin du sacrifice de la séparation, et ils s'immolent dans un ultime orgasme de foi religieuse digne des martyrs du christianisme, car Jésus, dans sa grande bonté, veut la souffrance. Et ce n'est plus Micheline qui a pardonné, c'est Jésus. Et c'est lui, Jacques, qui, pour compléter son détachement, a pardonné à la sœur aînée (Aline) la confrontation vitriolique qu'elle a eue avec lui. Et malgré cela, Jacques trouve encore le moyen de dresser un parallèle avec Micheline, de souligner un point commun par l'entremise de Mlle Marche (qui s'est permise de contacter Jacques), et de s'unir ainsi encore une fois, sur le plan humain, à Micheline – toujours Micheline. Ici aussi, en plus de l'appel, où Micheline n'est plus « Ma chère Micheline », il prononce trois fois son nom et fait son ultime adieu.

Jacques à Micheline : ultime adieu (Saintes, vend. 17 déc. 1943) :

Saintes le 17 Décembre –

Bien chère Micheline

Croyez bien que tout ce qui vous touche de près ou de loin ne peut m'être indifferent, votre vie, votre travail, vos pensées, vos soucis, vos préoccupations materielles ou morales- Micheline chaque lettre reçue de vous est un peu de vous et me donne une joie immense - Cependant vous sentez très bien , autant que moi , combien elles nous font mal , car elles prolongent une illusion , celle de pouvoir un jour aller l'un vers l'autre –

Dans ce sens nous avons l'un et l'autre fait tout notre possible , non pas seuls , mais l'un et l'autre les yeux tournés vers En-Haut.

J'ai cru au début que vous pourriez venir vers moi , et j'en avais ressenti une joie immense, c'était l'époque des beaux projets de vie en commun et ce fut aussi l'époque où tout à ma joie , j'ai oublié momentanément les principes sacrés de respect mutuel , ainsi que les devoirs sacrés les plus élémentaires envers Dieu Notre Père.

Pire encore lorsqu'après avoir violemment offensé le Christ qui a toujours été si bon avec nous , nous nous présentions devant lui , repentant apparament , mais prêts à recommencer - Ce qu'Il a du souffrir –

Et lorsque je cherchais le Pardon , c'est tout ceci qui pesait dans la Balance et c'est tout ceci que Jésus m'a pardonné le mois dernier.

Il a voulu que je souffre, j'ai été brisé.

Depuis dans sa grande Bonté, Il m'a pardonné et rendu la Paix -

Je sais aussi que vous avez été pardonnée et que la Paix vous a été rendue , nos prières ont été exaucées et j'en rend Grace chaque jour

= = = = =

De même que vous n'avez pu venir vers moi, je ne puis venir vers vous. Ce n'est pas par bravade, ni orgueil, mais par simple loyalisme envers le Christ.

Il nous a demandé une épreuve certes, mais aussi un sacrifice, celui de la séparation. N'allons pas contre Sa Volonté. Il ne demande aucune épreuve au dessus des forces humaines, et si celle-ci nous est demandée c'est qu'Il nous donne la force de la supporter. Pourquoi ? Peut-être nous le dira-t-il un jour.

Le jour où vous m'écriviez, le 8 Décembre, j'étais à Bordeaux et je rencontrais Mademoiselle Marche. Pendant toute une après-midi ensoleillée, nous avons parlé de vous et aussi des choses d'En-Haut. Vous ne pouvez croire combien j'ai été heureux de savoir cette jeune fille près de vous. C'est encore une fois la Main de Dieu qui l'a placée là.

Aimez-la comme elle vous aime.

Micheline je ne voudrais pas abuser de cette pauvre dernière lettre que je souhaiterais interminable. Je demande à Jésus, comme je le fais chaque jour, de vous garder près de Lui, mes prières vont de même vers votre jeune amie qui vous aime tant, vers vos parents, votre sœur aussi qui a eu tant de rancune contre moi et a qui j'ai pardonné depuis longtemps.

Que la lumière d'En Haut resplendisse en vous et autour de vous.

Soyons de vrais témoins, dans la joie comme dans l'épreuve, de Celui qui est venu souffrir sur Terre afin que nos pêchés nous soient pardonné –

Benie-soit la grande fête de Noel et l'année qui vient.

Adieu Micheline, merci de tout ce que vous m'avez donné et permettez encore une fois que je vous embrasse

Jacques

En surface, le discours de Jacques fait preuve de sa ferveur et de ses rationalisations religieuses. La prémisse est que pour vivre unis, deux êtres doivent avoir les mêmes croyances. Il est évident cependant que malgré sa capacité à analyser les dogmes, Jacques n'arrive pas à s'en détacher et il applique leur idéologie à la lettre. Ceci lui permet d'intellectualiser sa relation avec Micheline et d'étouffer ses pulsions et sa foi en lui-même, précisément celle qui lui avait permis de croire pouvoir vivre avec Micheline à Saintes. Le recours relativement fréquent non seulement à des attributs abstraits plutôt qu'à Dieu lui-même, mais aussi à la voix passive, à la forme pronominale et à des locutions impersonnelles reflète la reddition des protagonistes et leur désengagement par rapport aux événements. Jacques se rabat ainsi sur la dichotomie doctrinale qui réfère aux humains comme étant faibles, ignorants, orgueilleux, fautifs et d'une intelligence « pauvre », alors que pour Dieu sont attribués les dons de la toute-puissance, de la bonté, de la grâce et de la lumière, et le rôle de père. En plus de désigner des concepts religieux tels que Dieu, Vierge, Jésus, Christ, Droit Chemin et Justice, son vocabulaire est truffé de termes des premiers chrétiens : bourreau, épreuve, épines acérées, souffrir, martyr, sacrifice (mot repris de sa mère). Le verbe aimer n'apparaît que dans la dernière lettre et ce, seulement relativement à Mlle Marche; une image de contact physique ne se dégage qu'au moment des séparations, à différents degrés, à la fin de la première lettre et de la dernière. Dans les références au quotidien, par contre, Jacques et Micheline sont l'écho l'un de l'autre et, paradoxalement, en vertu de leurs croyances irréconciliables, ils se retrouvent irrémédiablement unis sur le chemin de l'abnégation. Les allusions aux moments vécus ensemble sont faibles, et on n'entrevoit qu'un avenir abstrait, peut-être un culte du souvenir, mais néanmoins une anticipation sur la nouvelle année.

*

Mme Hébert retrouve facilement quelques passages des lettres sur lesquels elle attire mon attention. Elle raye alors quelques mots qu'elle trouve associés au catholicisme primaire et me demande de ne pas les reproduire. Avec de tels réflexes, je me demande si elle a vraiment saisi la bonté de cet homme envers elle, par-delà l'effet d'aliénation des structures socioreligieuses.

C'est justement pour que l'histoire ne se termine pas en queue de poisson que je cherche à savoir la suite. Certes, Micheline a rencontré Laurent, elle l'a épousé et elle a revu Claude deux fois, Claude qui l'avait emmenée faire un pique-nique en tandem de location au bord du Lac de Lourdes après le choc de la première lettre de Jacques, mais par-delà ces rencontres, Mme Hébert a passé plus de deux des quatre semaines que je lui avais accordées, à me parler du temps de Jacques.

Mme Hébert tient la dernière lettre entre les mains, ses deux mains, tous les doigts de ses deux vieilles mains. Le dos gonflé aux épaules, penchée en avant, elle est maintenant totalement absorbée dans sa lecture; le silence se fait dans la cuisine. Tous ses traits sont figés, alors que ses yeux passent d'une ligne à l'autre, sans lunettes, sur le papier tendu, ce papier d'une autre époque, qu'un homme a touché, lui aussi, de ses propres mains, y versant tout ce qui pouvait être de sa foi, de ses justifications et de ses raisonnements, aussi abstrus fussent-ils, un homme battu, déjà à 33 ans, se disant heureux de l'être et se faisant aussi petit que possible.

Je la laisse à son intimité. Je ne m'intéresse plus à ses sentiments de l'époque. J'essaie de jauger ses sentiments présents, l'effet du passé sur le présent, c'est-à-dire les conséquences, et je ne trouve que des raisonnements. Trouve-t-elle de nouveaux sens à ces mots, peut-elle leur donner une nouvelle interprétation ? J'attends son verdict, mais non, il n'y a rien d'équivoque, elle finit par-ci par-là à me donner des preuves ou des justifications démontrant le caractère irréconciliable de leurs positions. Et alors, en dépit de toutes ces explications et de « persister et signer », Mme Hébert se résume, enfin, d'un souffle à peine perceptible :

« Je me demande comment j'ai pu… J'ai souffert énormément. »

Alors que j'essaie de comprendre le hiatus, elle repart de plus belle dans sa lecture solitaire. Je ne dis rien; je note ses réactions, c'est tout. Je me réserve de réfléchir à tout ceci plus tard. À un moment donné, elle se met à fredonner quelque chose; elle me demande : « *Le Temps des cerises*… Tu connais *Le Temps des cerises* ?... » Et ce n'est que plus tard, en réexaminant les reproductions des lettres, que je remarquerais à la fin d'une d'elles, trois taches transparentes, groupées, bien rondes et dentelées… produites à la verticale.

Telle fut la fin de leur relation.

* *

15

Ce fut ainsi une longue après-midi entrecoupée de longs silences pendant lesquels Mme Hébert gardait les lettres de Jacques devant elle, sur la table, entre nous. Était-il encore en vie ? Elle en doutait. Plus tard je fis une recherche sur Internet, mais les mairies où il eut pu exercer me laissèrent sans réponse.

Un certain vide se fit en moi.

J'essayai de me secouer un peu en tirant Mme Hébert de sa rêverie avec autant de ménagement que possible : « Alors... si je comprends bien... » – Micheline avait changé d'idée en l'espace de quarante jours.

« Oui, ça s'est fait un peu vite... C'était la guerre... »

Au bout d'un silence, elle se tourna vers un album de photos et s'arrêta à une de ces photos en noir et blanc pour lesquelles on se demande pourquoi on l'a prise : un buffet contre un mur nu. Sur le buffet, à peine visible, un mystérieux bouquet de violettes émergeait d'une tasse à café – c'était lui, tel qu'elle l'avait trouvé.

Le silence me séparait de son monde et me donnait une impression de légèreté me faisant planer au-dessus de ses scènes de séparation de Jacques, comme si celles-ci s'étiraient à l'infini. Elle m'avait fourni tous les éléments possibles, elle n'avait plus rien à me dire, et pourtant, je m'accrochais en jaugeant la profondeur de sa concentration, l'essence de son objet. Je cherchais un angle, à la recherche de questions à poser, de détails oubliés, comme pour mettre le doigt sur le pourquoi, le pourquoi du pourquoi, le pourquoi ultime. Soit, le couvre-feu ne s'appliquait pas aux petits villages et Micheline et Jacques avaient pu partir à moto à 4 heures du matin, mais il y avait une question plus grave : l'imprudence de Jacques dans son allusion à la chasse au canard, et ce, par écrit, dans sa lettre du 2 novembre 1943, alors que, comme on le verra plus loin, la police contrôlait le courrier. De quelle arme avait-il pu se servir si on avait dû toutes les rendre en 1940 ? Seuls les Allemands avaient le droit de chasser et la chasse au canard avec aucune autre arme qu'un bâton et un sac était sanctionnée par un mois de prison (*Ouest-Éclair*, 28 février 1942, rubrique « Tribunal correctionnel — La chasse au canard »). Cette imprudence flagrante doit révéler plus l'état d'esprit de Jacques à la date de la lettre que son caractère, car la question du besoin de réparation de la moto laisse deviner une capacité à calculer des risques, probablement rendue nécessaire par une pénurie de pièces de rechange (lettre de la mère, 7 juin 1943).

Pour Mᵐᵉ Hébert, d'après ses réactions, c'était des détails auxquels je m'attardais au détriment du message. Elle avait raison, je n'étais pas là pour m'embourber dans une chasse aux mystères. Et pourtant, leur plan de s'établir à Saintes avait bien été un risque calculé, entièrement assumé par Jacques, aussi bien pour leur couple que pour lui.

Et ainsi, nous en sommes là, à parler de Jacques, soixante-six ans plus tard. Il n'avait pas été l'homme de sa vie, mais son souvenir était toujours là, il était devenu esprit. Et c'est pour ça qu'elle n'avait pu me le décrire. Il est probable que ce fut la dernière fois qu'elle toucha ses lettres.

« Aujourd'hui, avec l'œcuménisme… » commence-t-elle, et rien ne vient. Oui, aujourd'hui, ça se passe différemment. Elle lève un peu la tête sur le côté en pinçant les lèvres, ses mains quittent légèrement le dessus de la table… Avait-elle le sentiment d'avoir été en avance sur les règlements sociaux de son église ? De s'être sacrifiée (« de s'être arraché le cœur ») pour sa religion, convaincue qu'elle le faisait au contraire pour sa foi et pour le Christ ?

« Oui, de nos jours... » Je la laisse à ses remarques, à sa religion, je n'interviens pas... et le silence revient dans la cuisine...

Aujourd'hui j'ai une photo de Mme Hébert dans sa cuisine. Elle sourit.

*

On veut bien rester fidèle à de grands moments d'espoir. Pour une liaison qui s'était faite en dix-sept phrases dans la première version de sa biographie, une liaison qui n'avait pu être relatée du premier coup tant elle avait été douloureuse, il avait fallu la perte de Yann pour lui suggérer une contre-perspective, et Mme Hébert n'aurait plus longtemps encore à en porter la croix.

L'histoire de Micheline et Jacques semblait se terminer avec des coups de téléphone que je fis à Mme Hébert pour des mises au point, et avec ces lignes. C'est ainsi qu'après nombre d'heures passées à cerner des nuances, je reçus une superbe envolée d'explications complémentaires sur la situation ambigüe de Mme Hébert : « Mais voyons ! L'eucharistie ! En apostasiant je perdais l'eucharistie ! Je n'avais plus la présence du Christ à la communion !... C'était la mort ! Les protestants n'ont pas ça... et sans ça, moi j'ai peur de la mort ! » La nouvelle explication était donc que Micheline aurait démasqué Méphistophélès à la dernière minute et échangé Jacques contre l'eucharistie et la vie éternelle. Était-ce seulement pour ça qu'elle avait rejeté le dialogue ultime offert par Jacques – et que donc elle l'avait abandonné à une mort certaine, avec tous les protestants du monde ? Encore un mystère qui se dédoublait maintenant sur la question de la survie matérielle à laquelle elle avait fait elle-même allusion. Mais enfin, cette nouvelle justification, toute théologico-dogmatique, irréfutable au sein de son sous-contexte, ne m'éloignait-elle pas d'une autre considération plus humaine ? Plus je cherchais de raisonnements, plus je trouvais des complications.

À un moment donné, Mme Hébert me fit comprendre que ce genre de pensées alambiquées suffisait, et elle me déclara qu'elle ne voulait plus que vivre au jour le jour et balayer le passé. Toute son énergie avait été dépensée pour l'histoire de Jacques. Pour Laurent, rencontré neuf ans plus tard, elle reprendrait du poil de la bête, ça serait tout autre, un peu comme on le trouve dans un récit linéaire et bourgeois, avec ses embûches sempiternelles et, au fond, bien mesquines, alors que pour Jacques, les tourments et la torture, avec leur sens de l'irrémédiable, du perdu à tout jamais, de ce qui s'était évanoui, et ce, avec cet obstacle feutré du statu quo religieux, tout cela était revenu en elle. Maintenant qu'elle s'en était délestée et que son eczéma et son urticaire semblaient se calmer, elle pouvait estimer que son histoire formerait enfin un tout plus ou moins cohérent sous ma plume, et elle commençait à se sentir soulagée, comme elle l'avait tant désiré depuis si longtemps. Elle s'était vidée en se confiant à moi, elle n'avait plus la force de revenir en arrière. Je comprenais enfin, au fond, que c'était un peu pour tout ça que j'étais venu, et que maintenant, témoin de sa tribulation, il me revenait de la rapporter.

*

Huit ans après leur rupture, une cousine de Micheline lui apprit que Jacques s'était marié vers 1946 et qu'il exerçait à Saint-Palais-sur-Mer, à côté de Royan. Évidemment, elle fut heureuse d'avoir de ses nouvelles, et quand elle le relate, curieusement, sa voix remonte d'un ton et plane encore sur un air de nostalgie. Mais qu'elle y ait vu une coïncidence ou un signe, elle ne se prononce pas. En effet, peu après les derniers bombardements d'avril 45, Micheline avait passé une semaine à

Royan et à Saint-Palais, parmi les ruines, les rats, les tombes de fortune et les chiens errants qui avaient pris leur revanche sur l'interdiction que les Allemands leur avaient faite, à eux, « aux Juifs et aux Français », de se promener sur la plage; elle avait ainsi constaté que le pavillon familial était occupé par des rescapés et miraculeusement intact.

Et maintenant, le doute se faisait qu'ils eussent pu se croiser une dernière fois à leur insu.

Après

***

PARTIE III

16

La France n'était pas encore complètement libérée que les centres médico-scolaires furent dissous et les enfants renvoyés dans leurs familles. Diverses manœuvres administratives permirent de restructurer l'enseignement et de l'épurer des représentants du régime précédent. Une directrice de centre hors-normes, comme celui de Lourdes, était tout désignée pour être envoyée à l'avant-garde d'une République rajeunie, resurgie des flammes, sur le point d'accorder aux femmes le droit de vote. Au début de l'automne 44, Micheline Ponthier fut donc rappelée de Lourdes à Bordeaux et affectée à de nouvelles tâches.

Micheline profita de ce retour pour enfin renouer avec le cocon familial; c'est ainsi qu'elle découvrit son père alité, qui n'avait plus que quelques mois à vivre. Son monde passait d'un bouleversement à un autre. Maintenant que l'Occupant avait décampé, l'abomination de la traîtrise nationale et sexuelle relativisait la traîtrise de religion sans pour autant l'effacer. Comme le remarqua Micheline lors de sa visite, c'est bien ce dont on faisait cas avec le spectacle de jeunes lavandières et de la fille d'un maire avec la tête tondue, soit une allusion à des couples maudits, assortie d'un châtiment public servant d'exemple aux jeunes Françaises, c'est-à-dire à une majorité de vierges catholiques. « Bof, si ça avait été des Français, elles auraient aussi bien couché avec eux ... » commentera plus tard Mme Hébert. Et c'est en effet bien plus tard, trop tard pour servir de contre-exemple, sans doute sous la pression d'une nouvelle génération, qu'on découvrit la quasi-complicité de mutisme des pouvoirs établis vis-à-vis l'héroïsme d'un de ces couples, hybride, franco-allemand, qui avait empêché la destruction du port de Bordeaux.

Après donc la direction du centre de Lourdes, Micheline se vit offrir deux centres d'apprentissage pour jeunes filles, pratiquement sur un plateau d'argent, l'un après l'autre, tous les deux à la périphérie de Bordeaux. Ainsi, de l'automne 44 à l'été 47, Micheline dirigea le centre d'apprentissage de Floirac, puis brièvement celui de Pessac, entre lesquels elle passa un intermède à l'Inspection académique, au centre-ville de Bordeaux.

Le centre de Floirac occupait un domaine monastique relativement isolé de la rive droite, difficile à ravitailler et à chauffer en hiver. Il y avait bien un poêle dans le dortoir des filles, mais la cellule de Micheline, dans un autre bâtiment, n'avait pas de chauffage. Lorsque ce domaine fut repris en main par ses propriétaires, c'est-à-dire les Pères blancs qui revinrent des camps allemands en juillet 45, les jeunes internes et les personnels durent être répartis dans d'autres établissements de la région jusqu'à l'acquisition éventuelle d'un nouveau centre. Entre-temps Micheline fut affectée bien malgré elle à l'Inspection académique pour plier des enveloppes et assister aux règlements de comptes. Elle en profita pour apprendre à connaître les rouages de la nouvelle administration et en particulier pour faire avancer le dossier d'acquisition du domaine de La Morlette, sur les hauteurs de Cenon, toujours sur la rive droite. Peu de temps après avoir été réaffectée au centre de Pessac, elle prit possession de La Morlette au nom de l'Éducation nationale et elle en fut la première directrice.

En 48, donc, Micheline réinstalla ses pensionnaires à La Morlette, au milieu de son parc, dans le château et son pavillon directoire, en laissant de côté sa ferme, son poulailler, sa porcherie et un grand pré de marguerites pour les vaches. Cela nécessita le réaménagement des locaux en cuisines, ateliers, salles de classes, dortoirs, bureaux, deux appartements de fonction, et un réfectoire, un dépôt d'archives et une infirmerie. Parallèlement à ceci, il fallut remplacer les cheminées par le chauffage central, installer le téléphone, obtenir une desserte de transports en commun et acquérir les outils et machines des métiers à enseigner.

Le château de La Morlette

C'est ainsi que, de janvier 1948 à juin 1976, date de sa retraite, Micheline serait la châtelaine de La Morlette. Au cours des années, on finirait par y admettre quelques garçons et, avec l'extension du recrutement jusque dans les départements limitrophes et l'adoption des statuts de demi-pensionnaire et d'externe, le nombre d'élèves décuplerait, tandis que la contenance du domaine diminuerait de moitié, le fermier serait forcé de partir, et on ferait construire un nouveau bâtiment de trois étages, le tout assorti d'une kyrielle de remaniements administratifs.

Le tronc commun des programmes comprenait des cours de lettres, de science, de dessin et d'éducation physique. Comme il n'y avait pas encore de programme professionnel national, les cours, tels que ceux de cuisine, de coiffure et de couture, furent axés sur ceux des programmes municipaux de Bordeaux. Ces cours avaient été mis au point deux ans plus tôt par la responsable des cours professionnels de Bordeaux et par le directeur du collège technique de garçons du cours de la Marne, tous deux évidemment invités à l'inauguration du centre, sous l'égide du ministère de l'Éducation nationale. C'est dans ce contexte que le délégué du ministre appela Micheline « une femme heureuse », lors du banquet préparé et servi par les personnels et élèves du centre.

*

Et, toujours avec elle, à travers tous ces déménagements, ses papiers et souvenirs la suivaient.

Ainsi, relativement rapidement mais sans doute en tant que résultat d'un long détachement vis-à-vis la société, lors de la première année complète à La Morlette, il vint se répandre en Micheline comme un fluide de plomb, un sentiment d'abandon, de vide, d'enlisement, de lourdeur – une sorte de poids du néant – par lequel, encore une fois, ses pensées ne revenaient qu'à elle-même, ne traitaient que d'elle-même et de la vie, constamment, au point que cela devenait épuisant, à peine supportable. Elle avait de quoi se demander si cela n'arrivait pas au reste du monde et, finalement, au fur et à mesure que l'année scolaire avançait, si elle n'était pas différente du reste du monde.

Le pavillon de La Morlette

C'est dans ces conditions qu'elle dut subir une opération de l'appendicite. Lors de la convalescence, son état psychique n'allait pas du tout mieux. Maintenant un sentiment de dérive et d'impuissance semblait emporter Micheline vers un monde dont ne revient pas. À nouveau quelque chose de fondamental n'allait pas. Son médecin s'en aperçut, conclut qu'elle faisait une dépression et lui ordonna de prolonger sa convalescence. Elle se souvint d'un couple de parents d'élève qui, tout en discutant des congés de leur fille, lui avait parlé de leur villa sur la Côte d'Azur et l'y avait invitée. Trois jours plus tard, elle était au bord de la Méditerranée, sous le soleil et à l'ombre des oliviers.

*

Expositions et kermesses démontrant la qualité du travail technique des élèves s'enchaînèrent au fil des années. La première kermesse fut organisée pour une fin de semaine de juin 1950. Il n'y eut pas de grand retentissement, d'autant plus que les officiels qui avaient été invités se rendirent, à la place, aux obsèques de l'épouse du directeur du collège technique de garçons, à Saint-Seurin-sur-l'Isle, à la frontière du Périgord.

Si elle ajoutait à cette déception son manque de relations sociales, elle pouvait se demander s'il y avait vraiment dans sa nouvelle vie une différence avec son ancienne situation d'institutrice de campagne. Mais c'est précisément dans ses souvenirs qu'elle parvint à puiser la force de continuer, d'aller jusqu'au bout, et de terminer une tâche à renouveler sans cesse chaque jour, chaque matin, sans que rien ne lui échappe.

En janvier de l'année suivante, en pleine année scolaire, Micheline fit exposer les travaux de ses élèves à la Galerie des Beaux-Arts, ensemble avec ceux des meilleurs ouvriers de France. Le stand de La Morlette représentait un projet modeste et osé à la fois. Méconnaissable et épuisée par ses responsabilités toujours croissantes, elle prenait l'air à l'entrée de la galerie lorsqu'un homme en pardessus noir se permit de lui dire : « Mademoiselle, vous allez prendre froid. Il vaut mieux que vous rentriez à l'intérieur. »

C'est à ce moment-là qu'elle reconnut le directeur du collège technique qu'elle avait rencontré à l'inauguration de La Morlette; ils avaient déjà collaboré à l'adaptation des programmes à des filles. Ce directeur lui avait toujours donné l'impression d'être un administrateur efficace, plein d'expérience et prêt à la soutenir. Ils se retrouvèrent ainsi à d'autres manifestations au cours desquelles elle put recevoir de judicieux conseils pour son travail. Ils posaient ainsi ensemble les jalons de la carrière de Micheline et contribuaient à la réalisation de « l'après » qui avait si bien frappé le lieutenant d'infanterie onze ans plus tôt.

« Mademoiselle, vous allez prendre froid. »

Cependant, en cette période d'après-guerre, la maladie et la mort n'étaient jamais bien loin, ce qui allait mettre un poids de plus sur Micheline. Sa sœur Marcelle, atteinte maintenant de la tuberculose, voulait la garder près d'elle. Elle lui fit de vifs reproches quand Micheline lui annonça qu'elle s'était inscrite à un voyage au Danemark; jamais personne de la famille ne s'était tant éloigné. Un professeur du collège technique organisait le voyage pour ses élèves au mois de juillet et il avait eu besoin d'adultes pour en compléter le financement.

Le soleil danois se levait avant 5 heures du matin. Le pays était plus plat qu'en France, et son peuple relativement avenant. Micheline se mit en rapport avec un étudiant dénommé Erik qui était allé faire les vendanges chez une de ses cousines l'année précédente. Celui-ci se proposa de lui faire visiter la capitale et il l'invita chez ses parents pour lui montrer comment ils savaient manger à la française. Le tourisme continua à bord d'un bateau-mouche où la drague commença, et enfin à bord d'un voilier où Erik, tout en protégeant Micheline du vent, essaya de l'embrasser. Décidément, son air de jeunesse, même à 34 ans, était un handicap, en particulier pour une catholique en milieu protestant, bien différent de celui de Jacques. Après qu'elle eut assisté à la messe locale, le prêtre lui résuma le contexte danois en ces termes : non, les Danois n'étaient « pas très pratiquants », mais c'était parce qu'ils étaient « heureux ». En tant que prêtre catholique il aurait pu dire « inconscients », mais non, il avait bien dit « heureux » : les Danois étaient un peuple heureux. Et encore une fois Micheline choisit le droit chemin.

*

L'année scolaire 1951-1952 est l'année la plus marquante de la vie de Mme Hébert. Celle-ci semble soulagée, je n'ai pas besoin de la relancer ou de lui poser de questions, sa voix change, elle est plus légère.

Micheline, donc, continua à profiter des conseils du directeur du collège technique. En effet, M. Hébert, car c'était bien lui, « l'homme qui [deviendrait son] mari », lui avait proposé des analyses de situation qui lui avaient permis de « s'obstiner » et de surmonter quelques mois plus tôt la transformation de sa section coiffure en section hommes-et-dames; ainsi, la participation des parents d'élèves comme cobayes avait garanti la mise en place d'un nouveau brevet professionnel, en dépit des protestations du syndicat des coiffeurs de la région. M. Hébert savait écouter de son regard perçant et il était un homme de conversation agréable, avec lequel on ne s'ennuyait pas sur quelque sujet que ce fût. Il avait réussi nombre de concours, contribué à autant de conférences et fait publier un manuel d'enseignement technique; il n'était pas arrivé à son poste à la légère et méritait bien son titre d'officier de l'Instruction publique qui venait d'être conforté de la Légion d'honneur. Et il pouvait se montrer gai aussi, autant qu'un enfant; mais à d'autres moments, il était le sage sans âge, qui a tout vu…

Contacts professionnels, sorties gastronomiques et raccompagnements, tout se multiplia. Et petit à petit, il en fut de même des questions personnelles, avec des rendez-vous au Jardin public. Ils se trouvèrent quelques points communs, tels que leurs ascendances à des compagnons du Tour de France et leur attachement au commerce de la quincaillerie par le père de Micheline et par un cousin de M. Hébert dans le Périgord. « Et puis je suis catholique pratiquante, vous savez.

— Eh bien, j'en suis bien aise, répondit M. Hébert; je suis catholique aussi. »

Leur amitié était en plein développement, Micheline ne se voyait pas comme proie face à son homologue. Certes, M. Hébert était nettement plus âgé, il aurait presque pu être son père, mais son intéressement était parfaitement authentique. Seul depuis deux ans dans son appartement du collège technique, il venait d'enterrer son beau-père, et sa fille unique avait sa propre famille. Il était temps qu'il commençât à se raconter. Et c'est alors qu'il se retrouva en lui-même, Laurent, petit orphelin de 9 ans refaisant sournoisement surface, noyant l'ancien gazé du front de Champagne dans les larmes d'une détresse infinie pour une épouse disparue, celle qui l'avait si bien soutenu alors qu'elle n'était que sa marraine de guerre. L'ancien Croix de guerre n'avait pas perdu la foi, mais elle avait été sérieusement ébranlée. Ensemble avec Micheline il bravait la solitude dans un désert social bouillonnant de religion.

* *

17

« Vous ne me trouvez pas trop âgé ? » Le printemps venait de passer et les chaleurs de juillet 52 se faisaient sentir dans les moindres recoins. L'implication de la question était claire et avait le même sens pour tous les deux.

« Mais ça n'a aucune importance… » fit Micheline en se penchant sur Laurent. Et elle lui mit les bras autour du cou en lui chuchotant son bonheur. Le message était décodé, l'accord de mariage scellé. Au bout d'un moment elle reprit : « Cependant… vous avez une fille unique… qui…

— Oui, mais moi, j'ai besoin d'un foyer… Quand elle te connaîtra, elle acceptera. »

*

Dans la biographie de Micheline, Laurent devient dès ce moment-là « mon futur époux » et « mon futur mari ». Et aujourd'hui, je ressens comme un soulagement quand nous arrivons à cette étape; on a l'impression d'avoir atteint un but. Dans le cas de Jacques, j'avais pressenti une complicité partagée; ici, maintenant, je redoute de ressentir quelque chose de différent. Je laisse Mme Hébert me donner les faits qui lui viennent à l'esprit, mais aussi, en une fraction de seconde, j'imagine ceux qu'elle ne me donne pas, je me pose des questions sur le film de cette apothéose sensiblement écourté. Avait-ce été à la suite d'une sortie au cinéma au cours de laquelle il lui avait pris la main ? Par en dessus ou par en dessous ? Quel film avaient-ils vu ? Dans quel cinéma ? Était-ce le jour ou la nuit ?

Je ménage Mme Hébert, je sais maintenant qu'elle s'est désistée deux fois dans sa vie et je me souviens de sa position sur les élans passionnels. Je ne voudrais pas qu'elle me regarde encore d'un air désemparé, tombant des nues, en me demandant : « Mais pourquoi me posez-vous cette question ? » En tout état de cause, au-delà des rapports professionnels et sociaux, et au-delà de l'amitié, un rapprochement s'était développé entre elle et Laurent et il fait partie de leur intimité.

*

Micheline se raconta à Laurent dans la plus grande honnêteté. Quand elle s'ouvrit à lui à propos de Jacques, ce fut comme un fardeau dont elle se délesta, mais aussi, par, ou plutôt, grâce à la réaction de Laurent, ce fut surtout comme un droit, ou une nécessité enfin assouvie, de pouvoir se souvenir et penser à loisir qu'elle avait été proche d'un autre homme, tout en tournant dès lors, sans obstacle entre eux, son affection sur Laurent. En somme, ils avaient admis chacun à leur tour que l'on pût avoir des antécédents indélébiles.

« Oh, oui, je l'ai dit aussi à mes petits-enfants… Ils le savent, » fait-elle en levant le bras vers la salle à manger.

Alors, tout en ne pouvant se départir du souvenir de Jacques et en conservant ses lettres, elle sentait ces deux élans à la fois venir d'elle, et converger vers elle, au point que par moments il lui semblait tournoyer au sein d'une puissance supérieure qui effaçait l'individualité des deux hommes qui auraient marqué sa vie. Et à des moments pareils, elle se sentait totalement libérée, mais aussi, diffusée, fondue, omniprésente à travers cet infini qui lui avait donné tant d'angoisse auparavant.

128

La frontière entre vertige et ivresse était bien fine. On aurait pu dire alors que les univers des deux intérêts affectifs de Micheline s'étaient mis en parallèle pour fusionner en elle. Laurent tenta de lui résumer cette sorte de sentiment ainsi : « Oui, on peut avoir deux amours dans la vie. »

« Dieu n'en demande pas tant. »

Laurent aussi compléta son histoire. Il n'avait pas eu à passer en conseil de discipline à l'époque de l'Épuration, bien au contraire. Arrêté par ces messieurs de la *Gestapo* alors qu'il dirigeait le collège technique de Saint-Nazaire, relativement proche de la base sous-marine qui venait d'être attaquée par des commandos anglais, il avait réussi à déjouer leurs questions, probablement en partie grâce à la consonance germanique de son nom, et il avait nié reconnaître l'écriture de son secrétaire. Celui-ci, cependant, qui avait des liens avec la Résistance, finit par payer de ses vantardises épistolaires en se faisant déporter en

Allemagne. Muté alors « pour son bien » à Bordeaux à la rentrée de 1942, Laurent avait pris en main l'école pratique, déménagée rue David-Johnston, proche du Jardin public, et renommée « collège technique »; ses locaux du cours de la Marne avaient été investis par la *Kommandantur* des chemins de fer allemands, après son bombardement de 1940.

*

Malgré moi, je revois le collège technique de ces années cinquante, et je me repositionne sur ma petite chaise de cuisine. Mon père, qui m'emmenait de temps en temps sur la route au cours de ses inspections, savait qu'il serait toujours bien reçu par M. Hébert en lui apportant des nouvelles de leur village périgourdin, sans doute même à l'improviste, ou simplement pour lui dire bonjour.

« Allons, viens ! » me lançait mon père pour me faire sortir de la voiture. Je redoutais d'avoir à croiser le regard des élèves de cette école qui me paraissaient bien plus dégourdis que moi. Avec deux ans d'avance au lycée, j'étais à la traîne dans plusieurs matières, sauf en géographie et, grâce à ma mère, sauf en allemand et en thème latin. J'étais d'autant plus sur mes gardes que j'estimais la première consonne du mot « collège » agressive, je n'aimais pas la « gravité » de l'accent, et le mot « technique » me faisait penser à une discipline implacable.

Arrivés dans le bureau de M. Hébert, un bureau immense, caverneux, sombre, et après que les deux hommes s'étaient dirigés l'un vers l'autre en échangeant quelques mots de patois et que mon père n'eut pas manqué de faire remarquer de combien j'avais grandi, moi, « le Panaché », je me faisais aussi petit que possible pour les épier et déjouer toute tentative de complot à mon égard : je voulais rester à mon lycée. Et puis, me souvenant comment il avait porté ses messages en voltigeant d'un trou d'obus à l'autre, d'une tranchée à l'autre, je trouvais un petit air de renard à ce M. Hébert et je m'en méfiais.

« Et à Issigeac… » Quand j'entendais ces mots, je pouvais me détendre et regarder un peu autour de moi, mesurer l'épaisseur des dossiers sur le bureau ministre et les comparer peut-être à ceux de mon père. Sans doute aussi par son désir de me suggérer certaines choses de façon irréfutable, un peu à la manière du constat ou de l'enquête, et avec un minimum d'explications, un jour mon père m'emmena jusque dans une des cours du collège où quelque chose de grave s'était passé. Bien que je n'aie retenu les détails de l'affaire, les gestes et les intérêts de mon père et de M. Hébert pour l'histoire et le sens du lieu se gravèrent en moi, et ils sont ainsi partiellement à l'origine de ma visite prolongée chez Mme Hébert.

*

Les quelques semaines qui suivirent furent pleines de soulagement et d'anticipation. L'après-midi, vers une heure, sous le soleil, lorsque tout se figeait dans le silence du parc de La Morlette et que les ombres étaient réduites au minimum, Micheline se sentait plus sensible au jeu des lumières entre les feuilles de végétation, et elle reconnaissait que le naturel de la vie qui s'y épanouissait était une bonne chose.

L'avenir de Micheline et de Laurent était assuré, d'autant plus qu'ils avaient atteint les derniers échelons de leur carrière. Micheline envisageait l'installation de Laurent dans son appartement du pavillon, et leur éventuel emménagement dans le F3 auquel elle avait déjà souscrit. Laurent et Micheline accomplirent aussitôt les formalités de mariage pour septembre.

Ils annoncèrent la nouvelle à leurs mères respectives – c'était enfin une bonne nouvelle –, mais ils ne pouvaient annuler les projets qu'ils avaient prévus séparément. Laurent alla donc en voyage organisé en Autriche et Micheline, avant de partir pour les Pyrénées, dut organiser les obsèques de sa sœur Marcelle; son mari, atteint du diabète, la suivrait une dizaine d'années plus tard, avec une jambe en moins.

Bien reconnaissante à un moment pareil de la générosité de son frère qui lui payait des vacances, Micheline pouvait enfin se reprendre à l'air de Bagnères-de-Bigorre avant de faire le grand saut. Elle reçut ainsi la première lettre de Laurent de Paris, et toutes les autres, toutes « pleines d'affection », lui relatant son périple. Après sa mort, elle les recopierait de sa plus belle écriture.

Dans le foyer qu'elles partageaient ensemble, Micheline se lia d'amitié avec une jeune fille de 18 ou 19 ans, orpheline depuis dix ans, et qui lui conta combien elle était reconnaissante envers la seconde femme de son père qui lui avait reconstitué un foyer. Dans son for intérieur Micheline avait eu jusque-là une certaine appréhension sur sa différence d'âge de dix-huit ans avec Laurent, mais elle comprit alors qu'elle aurait un second rôle, constructif, pour la famille de Laurent et qu'en particulier sa fille, déjà mariée, saurait l'accueillir. Cet épisode de Bagnères-de-Bigorre lui « [enlevait] un poids » et la confortait dans ses projets.

Pendant ce temps, Laurent revint d'Autriche frais et reposé, et, le 11 août 1952, il repartit voir sa fille en vacances en Bretagne chez sa belle-mère, à six heures de route, pour lui annoncer la bonne nouvelle, et avec une poupée tyrolienne dans sa valise pour sa petite-fille Loly.

*   *

18

Cette fois-ci, ce ne fut pas au nom de la religion que l'on s'opposa au mariage de Micheline : tous les acteurs étaient catholiques. La fille de Laurent s'imaginait plutôt avoir des droits sur son père, du moins en tant que fille et garante de l'honneur d'une mère enterrée à peine deux ans plus tôt. À deux contre un, avec son mari, les arguments fusèrent sans équivoque, soutenus par force cris et colère.

Après la question de mémoire de l'épouse décédée, le beau-fils et la fille passèrent à l'attaque sur deux fronts : sur Laurent lui-même et bien entendu sur Micheline. Dans le cas de Laurent, c'était bien simple, un homme de son âge ne se remariait pas, et encore moins avec une femme de dix-huit ans sa cadette : en tant que belle-mère, cette femme aurait à peine huit ans de plus que la belle-fille. Toute la famille serait pointée du doigt; on n'avait pas oublié le remariage du nouveau maire de Bordeaux. Toute la ville bouillonnerait de potins, le déshonneur déteindrait sur la famille et, qui sait, si ce n'était sur les petits-enfants, du moins sur la situation du beau-fils, ancien requis du S.T.O., dans sa compagnie maritime. Derrière tout cela on sous-entendait « faiblesse de caractère » ou « déséquilibre mental ». On aurait pu comprendre à la rigueur qu'il eût une liaison, mais il était hors de question de restructurer les liens familiaux. Tout cela aurait été tellement plus simple si Laurent s'était épris de la mère de son beau-fils qui était déjà veuve.

Dans le cas de Micheline, c'était clair comme de l'eau de roche : elle avait embobiné Laurent au moment où il était le plus faible. Les intrigantes et les usurpatrices, on ne voyait plus que ça depuis quelques années, et le beau-fils et la fille ne se laisseraient pas berner, eux, par une arriviste à peine débarquée à Bordeaux.

Laurent était abasourdi. La douleur fut plus profonde qu'elle n'y parut alors, et elle allait rester enfermée bien longtemps dans les deux êtres. Trente ans plus tard, le tableau des notes généalogiques de la biographie de M. Hébert s'arrêterait à sa génération.

*

Mme Hébert sort une autre boîte de lettres : 13 août, 14 août, sans date 12 h 15, etc.; elle étale la correspondance, lit en silence, soupire, lève la tête… Elle récite des passages… Ses vieux doigts tournent les feuilles… lentement… Les événements se bousculaient. Laurent, allait-il « abdiquer » ?

*

Laurent quitta l'île de sa fille pour le continent, pour se remettre sur la terre ferme. Et puis il y retourna. Il maintint sa lucidité en ne perdant pas de vue la place de la nature. Micheline était désemparée; elle lui répondit au moment-même où il confirmait sa résolution de lutter contre leur mise à l'index. Laurent avait une nouvelle image de sa fille. Le coup de grâce serait latent, sous l'aspect d'une concession : « On te privera pas des enfants. Et si t't'es trompé, tu pourras revenir. » Micheline redoublera d'effort pour l'aider à rebâtir sa foi. « Je suis sûre que je ne me trompe pas », se disait-elle – cette fois-ci, il ne fallait pas lâcher.

134

Laurent à Micheline : le choc de sa fille (Île-aux-Moines, merc. 13 août 1952, 16 h; à peine lisible) :

> *L'Île-aux-Moines ce 13.8.52 : 16 h*
>
> *Micheline chérie,*
>
> *[...] [L]orsqu'elle m'a téléphoné, lundi matin, je lui avais dit que j'aurai bien des choses importantes à lui communiquer [...] [L]e choc a été rude et les pleurs ont beaucoup coulé [...]*
> *[...]*
> *Je t'embrasse longuement aimée et te redis ma tendresse –*
> <u>Laurent</u>

Laurent à Micheline : leur non-conformisme et la lutte à venir (Vannes, jeudi 14 août 1952, 15 h 15; retranscr. de Micheline) :

> *Vannes ce 14.8.52 15 h 15*
>
> *Micheline mon amie chère,*
>
> *[...] Tu recevras demain matin ma lettre d'hier et la relation bien brève et sans relief de l'entretien d'hier avec Paulette et son mari. Ce matin nous avons renoué sur ce thème. L'optique et les réactions de mes enfants et les miennes procèdent de vues et de concepts divergents qu'il n'est pas possible dans l'immédiat de [faire] se rencontrer. [...] Me voici devant un mur. Ou il sera escaladé, ou bien il faudra gagner du temps et agir en conséquence pour reformer entierement cette attitude. Je comprends bien sûr le sursaut violent de ma fille devant ce qu'elle considère alors qu'elle me plaçait toujours à côté de sa maman – dans son souvenir – comme une trahison et un sacrilège. J'avais lieu de le pressentir, c'était en effet bien fondé et ce sentiment exclusif s'aggrave encore de la disparité de nos deux âges, Micheline.*
> *[...] [I]l me faut ta présence, même par la pensée et notre liaison, plutôt la conjugaison de nous-même ne saurait être rompue. Tu sens bien cela n'est-ce pas amie chère et nous*

deux seuls pouvons sentir que cette harmonie qui s'est extraordinairement établie est en effet "hors du commun"
[...]
Notre affection spontanée en apparence si anormale pour tous va avoir à s'affirmer de toutes manières. [...] Tu vas me trouver amer, Micheline, non, je suis persuadé au contraire que la destinée de chacun ne se fait que par sa propre vocation – mais pour sortir des sentiers battus de l'ordre social il faut s'affirmer comme un "anormal" sans doute [...]
[...]
Aime moi beaucoup, Micheline, et songe que je t'aime pour tant de raisons graves et profondes –

Je t'embrasse longuement
<u>*Laurent*</u>

Micheline à Laurent : son désarroi (Bagnères-de-Bigorre [?], sam. [16 août 1952], 12 h 15; dernière page égarée) :

Samedi 12 h 15

Laurent ami très cher, je viens de recevoir tes deux missives et j'ai pleuré, pleuré en désarroi devant la vie pleine de luttes. J'avais pressenti l'épreuve dans l'angoisse même des peines immédiatement [?]. Il me faut enfermer en moi toute cette souffrance... si vive. Il semble que toutes les plaies se rouvrent tout à coup

14h

Je reviens vers toi, un peu apaisée.
[...]
Tu as bien fait de tout me dire même si cela m'a fait très mal. Cela me permettra de t'aider davantage. Pour l'amour de toi, j'accepte humblement la déception, la grande peine d'être considérée comme une usurpatrice. Et s'il fallait que je m'efface, s'il le fallait, mais comme ce serait dur, je le ferais aussi par amour, mais cette fois brisée à jamais... [...]
Je comprends très bien les réactions de ta fille. [...] Mais je voudrais ausssi qu'elle comprenne combien tu as besoin

d'être heureux après avoir souffert [...]. J'ai senti que tout t'attendait, et que tout était préparé pour toi. Maintenant, rien ne saurait être rompu. Et la peine que nous ressentons tous deux en ce moment resserre le lien singulier qui nous unit. Il n'est pas "anormal" de sortir des sentiers battus. [...]
[Micheline]

Laurent à Micheline : son amour et sa résolution (Île-aux-Moines, sam. 16 août 1952, 14 h 30; retranscr. de Micheline) :

L'Isle aux Moines ce 16.8.52 14 h 30

Micheline, mon amie chérie,

Devant moi des frondaisons, au dela le golfe qui miroite, de longs et gros nuages blancs, un ciel bleu doux "pommelé" un vent frais, une maison silencieuse où dort de son sommeil d'enfant la petite Loly.

Voilà le cadre. [...] Sans doute [le] contenu [de mes 2 messages] t'a-t-il fait comprendre que nous devions subir l'épreuve, une nouvelle épreuve. [...] Nous aborderons les faits bien en face, amie chérie, pour en arriver aux solutions, en toute lumière et sans équivoque.

[...] Dirais-je que nous nous sommes placés "hors du commun" tous les 2 en adoptant, si spontanément, par affection si vive et si imprévue fondée sur tant de réactions communes – une attitude. Il y apparaît aux yeux de tous sans doute et nous allons donc avoir à tricoter notre vie de demain en fonction de ce "hors du commun". [...]

Sans doute ne peut-il y avoir donc que des forces que je qualifierais d'"ephemères" – même les lois exclusivement morales – lorsque ceux qui les recherchent comme pour ceux se heurtant aux contraintes sociales de toutes natures. Micheline chérie, je suis bien las et si je suis venu vers toi c'est parce que j'ai cru trouver – en dépit de ta jeunesse, et à travers les leçons de ton passé – l'affection vraie qu'une femme inquiète et qui "se cherche" depuis longtemps pouvait apporter à un homme durement tombé mais du fait recherchant une harmonie morale réelle.

[...]

Je suis avec toi Micheline, je te sais désolée mais tu es à moi je le sais aussi, et je t'aime affectueusement – et c'est affreux sans doute vois tu cet interdit d'un second amour jeté par les autres – mais si différent – et tout cela est si complexe – amie si chère. [...]

Prie beaucoup pour nous, pour que nous soyons éclairés.

Je t'étreins longuement.

Laurent

De retour à Bordeaux, maintenant qu'il a défini sa position avec Micheline, Laurent établit des plans, fait des prévisions et entame la procédure de mariage. On découvre non seulement un homme d'action, optimiste, voire positiviste, doué d'une subtile capacité analytique, mais aussi un stratège. Tout en retournant à Eymet, sa ville natale, pour obtenir ses documents pour le mariage, il va rendre visite à ses cousins, ainsi qu'à son beau-père, c'est-à-dire le père de sa défunte épouse, pour leur annoncer son remariage; fort de leur approbation, il sera conforté dans sa résolution.

138

Laurent à Micheline : bien-fondé de son attitude, concession de sa fille, prévisions et début des formalités (Bordeaux, vend. 29 août 1952; dactylographie en rouge) :

Bordeaux, le 29 Août 52

Micheline chérie,

[...]

M. B*** prof de dessin,54 ans, venait de décéder en huit jours d'une maladie dont il avait déjà subi les premières atteientes voici I an. [...] J'ai donc dû rédiger hier soir tard les notes que j'ai été appelé à lire ce matin devant cette tombre. C'était un excellent homme qui vient de partir : veuf depuis plusieurs années [il] arrivait à l'école le visage grave et comme déjà détaché des contingences extérieures. [...]

Et puis, avant vers huit heures j'avais eu, sans m'y attendre la visite de Paulette, ma fille qui venait, non pour accepter mais pour me confirmer [...].

Paulette, en comprenant maintenant que j'avais fait mon choix et qu'elle ne pourrait plus s'y opposer pensant que ce projet d'union pourrait être retardé de quelques mois afin de vérifier plus solidement encore la profondeur de notre attachement réciproque. [...] Je lui ai indiqué [la date] de fin septembre. Tout cet entretien n'est pas allé, tu le sais, sans beaucoup de larmes de sa part et sans beaucoup de peine de ma part.

Je crois avoir décelé cependant qu'il ne serait pas mis obstacle à voir mes petits enfants ni elle meme d'ailleurs mais tu demeurais, à ses yeux,celle qui ne saurait rechercher cette meme

affection [...]. Puis je pense que cette
attitude [...] sera a meme de subir quelque
modification ultérieure, l'allié sera le
temps et aussi bien d'autres facteurs qui
joueront à leur heure. Mais cette venue
de mon enfant dans ma maison ce matin me
semble constituer un signe avant
coureur,très lointain certes encore,mais
significatif du désir de ne pas condamner
sans rémission et de ne pas rompre avec
orgueil. [...] Et le spectacle de la
disparition brutale de ce maitre de ma
maison, homme effacé et terrassé depuis
plusieurs années, qui avait abandonné la
lutte et tout abdiqué m'invite plus
encore à vouloir donner à cette nouvelle
phase de ma propre vie,xxxxx en y liant
le passé qui demeure intact,le meilleur
de moi meme à tes côtés. [...]

   [...]
Aujourd'hui j'ai fait prendre à la
mairie de Bordeaux le certificat de
résidence dont j'ai besoin pour le
mariage civil. Dès mon arrivée à Eymet,
la semaine prochaine, et en possession
des autres paiers j'écrirai à la mairie
de Cenon [...].

   [...]
Je me hâte, Micheline (je prononce si
souvent et si doucement seul ton nom)
pour aller jeter cette lettre afin
qu'elle ne manque pas le courrier.

   Puis je te redire, avant de la clore,
le mot qui nous enchaine, très près, tout
bas, je t'aime.

   Et j'écris de ma main : Je t'aime.
                    <u>*Laurent*</u> - - -

Laurent à Micheline : formalités médicales et repositionnement de la partie adverse (Bordeaux [?], sam. 30 août 1952, 17 h 30) :

Ce 30.8.52 : 17h30

Ma chère Micheline douce,

[...][J]e te conjure de prendre beaucoup de repos et de bien t'alimenter.

Tout à l'heure j'ai consulté aussi le docteur : tension et cœur de jeune m'a-t-il dit. Lundi matin je dois me rendre dans un laboratoire pour la prise de sang et l'analyse des urines, puis aller chez le radiologue.

Après quoi, c.à.d. lorsque ces opérations auront eu lieu et leur résultats déclaré au médecin celui-ci délivrera le certificat [...].

Et puis en sortant du cabinet du docteur j'ai emmené ma mère chez ma fille. Pierre s'y trouvait aussi. Et le dialogue cette fois, se rouvrit sous un autre climat [...].

En voici le résumé –
- pas de différend d'intérêt à aucun prix
- acceptation de ma décision [...]
- maintien – plus nuancé [–] quant aux suites morales [et à leur] réserve à ton égard -
- [...] je pourrai aller chez eux comme par le passé -
- dans le cas "d'erreur" de ma part [je retrouverais] la même affection et la même place chez eux -

Et voici ma réponse –
- [...] joie éprouvée d'entendre une mise au point [...].
- inutilité de prolonger [...] un délai qui n'apporterait aucune modification à ma décision reposant sur de profondes et authentiques résonances morales, spirituelles et affectives qui ont pu s'affirmer depuis 8 mois [...]
- invitation avec insistance à nous regarder vivre ensemble [...]
- [...] sans doute est-il préférable que [les critiques viennent] plus tôt car, plus tard, il serait dit : c'est une liaison régularisée -

En somme, un éclairement nouveau et inattendu et tu te sentiras comme moi moins accablée [...].Et nous allons ensemble bientôt Micheline aimée, par notre richesse spirituelle et notre amour, faire toute la lumière. [...]

Ton grand.
Laurent

Laurent à Micheline : préparation du terrain vis-à-vis son employeur (Bordeaux, dim. 31 août 1952, 15 h 30) :

Ce 31 août 52 : 15h30

Micheline ma chérie,

Depuis plus de deux heures j'étais en conversation avec M. [?] Bordas le secr. gal de l'Insp. acad. [...]

Ainsi l'administration que je suis fait bon ménage avec l'administration départementale –

Nous avons abordé gd nombre de conversations diverses.

Et j'ai discrètement laissé entendre, car Bordas est un bon ami de 57 ans – que ma vie allait recevoir une nouvelle orientation très prochaint.

Il a parfaitement approuvé (sans que j'ai apporté de précision) et nous avons été conduits à considérer les aspects de bien des situations sous l'angle à la fois humain et réaliste –

De sorte que lorsque nous irons vers le 15 Sept. à l'Insp. acad. il réalisera aussitôt – sur le plan concret – notre dialogue d'aujourd'hui –

[...]

Cette journée est grise, un peu venteuse, Bx est désert, le cadre de verdure d'où j'écris est bien reposant. J'y pense à toi et découvre, maintenant, que par delà toute conversation, même suivie [?] en toute action c'est toi qui es constamment présente.

Et comme je sens ces mots d'un romantique. Je les aime, moi, ces romantiques.

"Un seul être vous manque
Et tout est dépeuplé"

[...]

Je t'aime Micheline de tout moi même.

Ton grand
<u>Laurent</u>

Il n'est pas clair comment l'inspecteur académique eut vent du projet de Laurent. Garant des mœurs de son personnel, et contrairement aux espoirs de Laurent, celui-là se révéla un obstacle de taille lors de leur réunion de la mi-septembre. Laurent et Micheline commencèrent alors à sentir le poids de leur propre institution, comme s'ils n'étaient plus que des élèves en probation; ils ne savaient plus sur qui se fier, ni quels de leurs gestes seraient rapportés. Et bientôt certaines de leurs relations proches se firent l'écho de la fille, et leur cercle d'amis commença à s'effriter : la pudeur tacite d'une certaine société prenait force de loi.

Les noces furent donc annulées et les bannis prirent un peu de recul. La fin de l'année et les anniversaires de Micheline et de Laurent approchaient comme des dates butoir. Les pluies, le froid et l'obscurité faisaient d'octobre et de novembre deux mois bien lugubres. Micheline et Laurent n'avaient personne sur qui se rabattre, et quand ils se retrouvaient, le soir, ils avaient comme un petit air de conspiration dans le coin des yeux. « Ça ne "cassait" pas comme les autres l'espéraient. » En fin de compte, le veto de la fille de Laurent ne fit que les rapprocher.

Un soir de décembre, après leur travail, Laurent et Micheline se rencontrèrent à la mairie de Cenon à la tombée de la nuit. En quelques minutes ils furent unis, avec comme témoins une secrétaire de mairie et l'intendante de La Morlette. Après le dîner que leur avait préparé Aline, la sœur aînée de Micheline, Laurent rentra seul chez lui comme d'habitude. « "L'œuvre de chair ne désireras, qu'en mariage seulement" – hm ? » me fait Mme Hébert en écarquillant les yeux et en pinçant les lèvres, le menton légèrement relevé.

Le lendemain matin, à huit heures, ils étaient mariés dans une chapelle, sans invités autres que le vieux veilleur de nuit, sa femme et Aline. Une ombre apparut à la porte pendant la cérémonie et on se demanda longtemps si le beau-fils n'était pas venu prendre acte.

Une heure plus tard, M. et Mme Hébert étaient en poste à leur travail et le soir ils se retrouvèrent enfin tous les deux chez Laurent.

Et vingt-quatre heures plus tard, ils étaient en lune de miel à Barèges, sous la neige. Une lune de miel de trois jours. Ils avaient cessé de plaider avec la société pour leur liberté, ils l'avaient saisie, et ils ne s'en retrouvaient que plus forts. Il était temps de rattraper le temps perdu.

Photos : anonyme, copie J. L. F. Lambert permise par M. H***

« M. et Mme Hébert »
(La Morlette, 1954)

* *

19

Les quarante années qui suivirent ne sont plus qu'un tourbillon d'évènements et d'activités, ce que l'on appelle parfois une vie bien remplie.

Tout d'abord, ce fut la question du toit : le couple vivait bien dans le pavillon directoire où se trouvait le quatre pièces de fonction de Mme Hébert en tant que directrice d'internat, mais le plan du F3 souscrit plus tôt montrait bien qu'il serait trop petit pour son mari. Ils se firent offrir aussitôt, toujours à quelques pas de La Morlette, un bungalow de cinq pièces à la place, dont la construction et le remblaiement du jardin furent terminés juste au moment où commença le réaménagement du centre d'apprentissage, en 1955, avec l'adjonction d'un nouveau bâtiment. Les Hébert habitèrent donc leur F5 les deux ans de la durée des travaux puis, après avoir réintégré La Morlette, ils le prêtèrent un certain temps à un cousin de Laurent rapatrié d'Algérie, et ils le louèrent ensuite symboliquement à une autre famille. À trois ans de la retraite de Micheline, ils commencèrent à le faire remettre en état et agrandir d'une autre pièce, tout en faisant aussi aménager le jardin sur presque toute sa longueur. Laurent n'étant pas homme à s'occuper des fleurs, ils finirent par engager aussi un jardinier.

L'administration et le maintien à niveau de La Morlette, tel la création des programmes d'économie familiale et d'aide maternelle, demandaient beaucoup d'énergie à Mme Hébert, mais elle ne lâchait pas : « Je gérais La Morlette comme une usine. »

Le nouveau bâtiment d'apprentissage

À cela venait s'ajouter le poids de voir son mari s'absenter en semaine pour rencontrer ses petits-enfants et leurs parents. Et il y avait aussi la mauvaise santé de la mère de Micheline, de plus en plus fatiguée. 1954 fut ainsi l'année du décès de Mme Ponthier, mais aussi l'année des réconciliations : après deux ans de silence, Micheline fut invitée chez la fille de son mari. Elle accepta. « J'ai été dure », dit simplement Paulette. Micheline l'embrassa et se vit offrir le rôle de marraine pour le troisième enfant qui devait naître l'année suivante sous le nom de Gildas. La petite Loly claironna la nouvelle ère à sa manière : « Maintenant, on est tous réunis ! » Laurent avait vu juste.

Micheline avait désormais une famille. Elle adopta si profondément les enfants de sa belle-fille que la question d'avoir un enfant de Laurent ne se posa pas. Ainsi, au fil des années, Micheline verrait les petits grandir et apprendre à prononcer son nom, elle assisterait aux baptêmes, confirmations et communions, puis aux fiançailles et mariages, et ainsi de suite.

Elle pouvait jouir avec Laurent de la prospérité croissante du pays, grâce en particulier aux nouvelles dévaluations de la monnaie. Les chenaux étant dégagés, les chantiers navals reprenaient un peu de leurs activités et chaque printemps une grande cérémonie, avec messe en plein air, bénédictions et fanfare marquait le départ des terre-neuvas sur la Garonne. Les convois de l'armée américaine s'espacèrent et bientôt il n'y eut plus de soldats pour lancer des *chewing gums* aux petits garçons comme moi. Situées sur les hauteurs, les caves de Cenon n'étaient certes pas inondées au printemps, mais on n'échappa pas à la grande neige de 1956 qui s'était infiltrée jusque sous les tuiles, ni aux bons d'essence qui firent suite à la crise de Suez. Le frère de Micheline prit sa retraite cette année-là et rentra aider ses sœurs restées célibataires à Étauliers. Et bientôt Laurent perdit sa mère à son tour.

Malgré cela, la vie continuait avec des stages, des journées universitaires, des kermesses, des remises de prix au Grand-Théâtre de Bordeaux et des voyages de fin d'année, comme au gouffre de Padirac, au Massif Central et à Paris, avec aussi des pèlerinages et des visites à Étauliers, à la tombe de M. et Mme Ponthier. Et ensuite, en été, Laurent emmenait Micheline en voiture parcourir les diverses régions de France dont il collectionnait les cartes postales dans des enveloppes pour pouvoir ensuite les montrer à ses invités. C'était une époque encore bien épique de l'automobile où l'on trouvait parfois au bord de la route, surtout en montagne, des voyageurs affairés autour d'un moteur qui crachait des jets de vapeur.

Un été, alors que les Hébert avaient poussé jusqu'en Bavière, ils se retrouvèrent invités d'office à un mariage paysan où ils rencontrèrent deux Bretons, père et fils, tous deux anciens prisonniers des Allemands et invités officiels, assis en face d'un Bavarois, ancien prisonnier des Français, et où les deux parties se faisaient des sourires sans pouvoir se parler. C'est sans doute lors de telles occasions que Laurent développa sa conviction que Français et Allemands avaient assez fait de guerres fratricides.

Mais sans doute le meilleur souvenir de l'après-guerre, c'est vers le temps des cerises, quand Monsieur et Madame prenaient la route de Royan et de l'ancienne maison de vacances à Saint-Palais, ensemble avec le petit Gildas sur les genoux de Micheline, et leur chienne à ses pieds... Le petit Gildas, lui qui déclencherait plus tard, bien plus tard, l'ouverture de la boîte de Pandore et, finalement, la présente relation, en demandant à sa marraine pourquoi elle s'était mariée si tard... Mais là, au temps des cerises, tout était en ordre, surtout quand elle se rappelait les voyages de sa jeunesse sur cette même route, à bord de la camionnette de son père... comme quand son chapeau de paille s'était envolé... en disparaissant dans la poussière...

C'est vers une époque comme celle-ci, avant 1962, que Laurent fut promu commandeur des Palmes académiques et que Micheline en fut nommée chevalier. On mangeait bien maintenant, et on s'amusait bien. Les gazogènes laissèrent bientôt la place aux décapotables, les jupes volaient plus haut, l'électroménager faisait des miracles et dans les rues résonnaient constamment les chansons d'Édith Piaf. Non, pour les dizaines de milliers de jeunes perdus en Indochine, en Afrique du Nord et ailleurs, tout comme pour ceux d'Abyssinie, d'Espagne ou d'ailleurs avant eux, qui avaient tous survécu aux guerres mondiales de leurs parents, on ne regrettait rien. Et la rengaine reprenait de plus belle, comme pour insister.

Ce retour goulu à la vie atteignit aussi La Morlette et bientôt trois élèves se retrouvèrent enceintes. Elles furent habilement dirigées chacune à son tour vers Mme Hébert qui acquit la réputation d'être compréhensive dès le premier cas. Ces filles-là, en effet, n'avaient pas eu la chance d'avoir accès à des contraceptifs comme leurs camarades qui ne parlaient que de la pilule. Assise derrière son bureau ministre, sombre et poli, avec le pot de cactus poussé sur le côté, Mme Hébert leur demandait si elles voulaient garder l'enfant et si elles désiraient terminer leurs études. Sauf dans un cas où les parents rejetèrent leur fille, on établit une marche à suivre de concert avec les parents; mais dans tous les cas les filles purent obtenir leur certificat d'aptitude professionnelle, elles eurent leur enfant et elles finirent par se placer. Et quelques temps après, les anciennes élèves venaient montrer leurs bébés à Mme Hébert ou lui envoyaient des photos.

*

À sa retraite, Laurent se mit à lire l'évangile à la messe et il se lança dans le bénévolat, alors que Micheline, à 49 ans, allait échouer pour la première fois de sa vie à un examen, un examen de conduite : « Mais vous réfléchissez trop, Madame ! » lui avait lancé le moniteur d'auto-école, « laissez-vous aller, suivez le courant ! »

Au printemps 1972, des groupes d'étudiants bordelais dont le sursis militaire venait d'être abrogé, vinrent demander la solidarité des élèves de La Morlette. La grève dura plusieurs jours à l'intérieur de l'enceinte, tout le monde était assis sur la pelouse et écoutait de la musique à des transistors. Mme Hébert demeura loyale au conseil d'administration, auquel siégeaient des parents, et à l'Inspection académique : « Elles vont occuper les bureaux. On accepte l'offre de la police ?

— Non, non, on ferme l'établissement, on attend que ça se calme. » Il n'y eut pas moins de « chienlit » quand elle voulut sortir de La Morlette et que des étudiants lui barrèrent le passage. Elle sortit de la voiture et eut une altercation avec un des meneurs, mais elle ne put supporter son ironie au sujet de l'inégalité des pouvoirs et retourna faire une crise de nerfs dans l'auto que Laurent pilota à petit pas hors des huées de la foule.

Elle avait déjà dû se résoudre dès 1967 à accepter la fin des kermesses qui finançaient les voyages de fin d'année; et maintenant, le conseil d'administration continuait d'ouvrir les vannes : les élèves obtinrent de nouveaux droits, elles se mirent à fumer et à sortir le mercredi après-midi – c'était le laisser-faire dans toute son « horreur ». Cette année-là, peu d'élèves obtinrent leur certificat, mais l'année suivante Madame Hébert fut promue officier des Palmes académiques.

Le monde avait bien changé en quarante années de carrière, mais c'est tout de même avec une certaine nostalgie, après avoir transformé son centre en un collège de quarante professeurs, qu'elle prit sa retraite et dut voir défiler ses années de travail, de discipline, d'espoir et de peines lors de son discours de départ.

Et petit à petit, l'écho du bourdonnement des classes au travail, des descentes d'escalier aux récréations et des slogans des grévistes se fit de plus en plus lointain. Au bout de quelque temps, tout commença à s'estomper, l'hémiplégie de Laurent, les morts du frère et des sœurs, les ventes de Royan et d'Étauliers.

Et puis les proches et amis commencèrent à les quitter, comme quand des voix finissent par s'éteindre dans le lointain. Le vide se fit autour d'eux lentement, puis, à mesure que l'on avançait dans l'âge, de plus en plus souvent, toujours comme si des pans de leurs vies se détachaient d'eux. Il leur arrivait parfois, soit ensemble soit séparément, de regretter d'avoir perdu contact avec certaines de ces personnes, de ne pas leur avoir exprimé une chose ou deux, une simple petite parole, au fond, une parole qui, une fois prononcée, arrête le temps, scelle une expérience commune ou ressentie, résume tout, renforce tout, mais qui, absente, une fois trop tard, peut se faire bien lourde à traîner pour le survivant.

*

Parfois, dernièrement, Mme Hébert aligne les années dans sa tête; elle se rend compte alors qu'après leurs départs à la retraite, celui de Laurent en 1963 et le sien en 1976, ils eurent six ans complètement l'un pour l'autre. Leur vie s'était bien déroulée. Le sacrifice qu'elle avait offert au Christ en 1943 ne s'était pas perdu dans l'immense bonté de Ses mystères. Elle avait fait plein usage de sa liberté de chrétienne, comme elle l'avait entendu lors d'une de ces journées universitaires pour enseignants catholiques, dans les années trente, et plus tard quand elle avait assumé sa destinée d'épouse et prodigué des soins continus à son mari pendant dix ans, jusqu'à sa mort en 1992, telle une hospitalière achevée, au béret blanc.

Son raisonnement la satisfait encore et toujours, certes, après l'avoir tourné et retourné maintes fois dans son esprit. Mais, comme s'il y avait un retour de flamme, Micheline semble avoir du mal à le faire totalement sien, physiquement, dans son corps, comme s'il y avait quelque chose contre nature quelque part. Et c'est à des moments pareils que lui revient la présence d'un homme qui l'a aimée, à côté duquel elle a marché et laissé des traces de pas dans la nature, et qui l'a attendue en vain sur le quai d'une gare.

Elle revoit Laurent allongé sur son divan, à moitié mort, aphasique depuis plusieurs jours. Le téléphone venait de sonner. C'était Paulette, la fille, qui ignorait tout de l'accident cérébral et demandait des nouvelles de son père. Micheline, désemparée, ouvrit la bouche pour répondre, mais Laurent se redressa en grognant quelque chose, saisit le combiné et réussit à parler : tout allait bien. Et c'est comme ça qu'il commença à se remettre. Mme Hébert m'expliquera plus tard : « Il voulait protéger sa fille… Il faut mentir parfois… Il n'est pas bon de toujours dire la vérité – hm ? »

*

Le cimetière s'étalait sur un flanc de coteau, entre une ancienne berge de l'Isle et des habitations. Saint-Seurin-sur-l'Isle était une bourgade tranquille, sans prétention. La famille et un groupe d'amis et de collègues se tenaient au bord du caveau. Le cercueil venait d'être mis en terre; M. Hébert reposait maintenant auprès de « sa femme » (sic). Après la prière du prêtre il y eut une pause à peine ressentie; les fossoyeurs attendaient le signal tandis qu'un coup de vent remonta le coteau en balayant les tombes. Paulette fut prise de secousses et son mari lui mit les bras autour.

Micheline ne pleurait pas; isolée, sans entourage, elle se tenait droite devant la fosse. Yann, alors, se détacha du groupe et vint la soutenir par le bras.

*

Aujourd'hui, comme toujours, Mme Hébert continue d'entretenir de son mieux la maison où l'ombre de Laurent l'accompagne – Laurent qui lui avait promis qu'il serait toujours auprès d'elle. Mais aujourd'hui, rien ne se compare au vide, au vide immense laissé par Laurent. Elle continue de faire venir le jardinier et elle s'accroche à la vie, dit-elle, grâce aux descendants de Laurent qui seront un jour en mesure d'affirmer : « J'ai connu mon arrière-arrière-grand-mère ».

*

J'ai une photo de M. et Mme Hébert devant leur porte d'entrée, à Cenon, prise en 1984. Le couple regarde droit dans l'objectif, avec un léger sourire, avec M. Hébert physiquement diminué et Mme Hébert agrippée à son bras, la tête sensiblement inclinée vers son compagnon, car cet homme fort, solide, issu de trois générations de tanneurs, et qui adorait aller au travail en 2 CV, il l'avait comprise, elle. Cette photo les montre tels que je les vis la dernière fois ensemble.

Comme elle le relate au début de sa première biographie, dès le début de leur relation, ils s'étaient montré leurs plaies, l'un à l'autre, lui à propos de sa femme perdue à petit feu au cancer, et elle à propos de la « douleur atroce d'une rupture, [l'abandon], pour des raisons spirituelles, [de] l'ami le plus cher et le plus intime. » À quoi Laurent avait répondu :

« Mais Dieu n'en demande pas tant ! »

Dès ses moments d'intimité personnelle qui suivirent, et encore longtemps après, Micheline passa fébrilement en revue, en silence, malgré elle, tout le film de son sacrifice, tout son comportement, toute sa vie, toujours avec la rétorsion de Laurent qui lui bourdonnait dans la tête et lui ravageait la poitrine.

« Comment tout cela avait-il pu se produire ? » demande Micheline dans sa biographie. Elle dut alors, sans doute, avec une sorte de fatalité, faire de son mieux pour réconcilier cette phrase avec sa conduite d'antan, cette phrase qui, si elle s'avérait juste, au fond, à l'instar d'un raz-de-marée, balayait son calvaire dans les reliquats des gâchis de l'humanité. Le renard avait réveillé la belle au bois dormant.

C'est le sens de cette phrase de Laurent qu'elle a voulu que je transmette aux autres générations, j'en ai maintenant la certitude. Cette phrase lui démontrait que les antécédents de Laurent l'avaient amené à une sorte d'harmonie avec une puissance supérieure, et qu'il était l'homme à suivre.

Le renard avait aussi conquis la belle.

Plus tard, après le départ de Laurent, au retour en larmes d'une promenade dans leur jardin, elle lui écrira ce poème :

Sans toi

Sans toi dans ce jardin
Où les dernières roses fleurissent au soleil de l'été finissant
Je laisse aller mon cœur
Il est plein de pensées moroses puisque tu n'es plus là
Rien n'est plus comme avant
Tu marchais lentement dans cette allée fleurie
Contemplant la nature, toujours méditant sur le passé
Le monde et la mort et la vie
Avec tes souvenirs et tes rêves d'antan
Puis tu t'asseyais épuisé
Mais tranquille, sur un fauteuil ou sur le petit banc
Sous le hêtre empourpré loin du bruit de la ville

Un peu las de la vie en ce monde mouvant
Je pleure en pensant que je ne verrai plus ta silhouette aimée
Dans ce havre de paix où tu te plaisais tant

Quelque temps après, Micheline et Paulette se retrouvèrent près de Saint-Seurin-sur-l'Isle. Après avoir déjeuné dans une auberge et s'être promenées ensemble, elles allèrent faire une prière dans une chapelle. Alors qu'elles étaient encore dans la pénombre, en train de sortir, Paulette se rapprocha d'elle et lui souffla, comme en soupirant : « Tu as rendu Papa heureux. » Et elles tombèrent dans les bras l'une de l'autre. Micheline sentit alors qu'un chapitre de sa vie venait de se terminer; elle comprit, comme elle le dira plus tard, qu'elle avait « enfin accompli [sa] mission ».

Sur le petit banc

* *

20

Le dernier soir, il neigeait et je revins au pas de course chez Mme Hébert lui rapporter un livre qu'elle m'avait prêté lors de mon arrivée. Comme il traitait de la vie d'une jeune institutrice girondine sous l'Occupation, j'avais pensé y trouver quelques recoupements utiles à notre histoire.

En partant, je l'embrassai encore une fois, toujours conscient de la fragilité de son petit corps.

« Alors, tu me laisses toute seule... »

De tous nos entretiens, c'était peut-être la seconde vocalisation d'un reflet de sentiment propre au présent. Ses grands yeux noirs me sondaient. Était-ce aussi un reproche, un demi-reproche, une plainte déguisée, une accusation, je n'en sais. Toujours est-il que cela m'apparut comme une conclusion à l'histoire de sa vie et que la responsabilité ultime m'en retombait sur les épaules. C'était un peu osé, car elle m'avait laissé entendre, plus tôt, que lorsque j'avais été interne et de retour en France, elle et son mari auraient peut-être pu s'informer et me faire sortir de temps en temps.

Je soutenais son regard et n'exprimais rien. Elle était là, elle m'avait dit tout ce qu'elle avait voulu me dire, nous avions chacun fait ce que nous avions dit que nous ferions, mais il semblait manquer quelque chose. Nous devions probablement avoir l'air de chercher à nous représenter ce que nous valions l'un pour l'autre.

Finalement, je répondis : « Oui, c'est ça, mais à bientôt. » Peut-être pensa-t-elle m'avoir touché par sa remarque et que j'avais du mal à exprimer mes sentiments. Je me retournai lentement et gagnai la rue. Au bout de quelques secondes, j'entendis la porte se refermer.

Le tram entama sa descente du coteau de Cenon et, alors que les lumières de Bordeaux s'étalaient une dernière fois devant moi, je pressentais sur ma gauche, en surplomb, le château de La Morlette où Mme Hébert m'avait donné mon dernier repas français quarante-huit ans auparavant, en pleine guerre froide et au lendemain d'un putsch manqué, après qu'un conseil de famille de plusieurs heures eut accepté que mon oncle, citoyen d'un pays « bourré de communistes » et activement opposé à une Algérie française, soit mon tuteur. Le dîner avait été donné dans une grande salle, et M. et Mme Hébert, soucieux que je conserve ma francité, m'avaient offert *Le Chef à l'œil d'ivoire*, un roman du Grand Nord canadien que je dévorai dès mon premier hiver à Belgrade.

Et, alors que j'essayais de distinguer l'autre rive de la Garonne où j'avais habité en dernier, à la limite du quartier Saint-Louis, je reconnus la réflexion de mon visage sur la vitre, qui glissait par-dessus le ciel et les toits, et je l'acceptai, plus par besoin de paix que par défi. Le surlendemain, je serais dans les airs, au côté de ma compagne, en route justement pour le Canada.

J'en arrivais à me demander dans quelle mesure Mme Hébert avait influencé ma vie. Mais, avant de trouver une réponse, son histoire s'élevait en moi au-delà du désir d'instruire, comme la réalisation du « je » de son enfance parvenu à maturité, et comme un ultime cri d'humanité : « Oui, j'ai existé… Oui, j'ai vécu… Et j'ai souffert moi aussi… » La peine ou la hantise de l'amour interdit, l'union manquée telle celle du docteur Jivago et de Lara qui se termine dans un tram,

Mme Hébert s'en était délestée par la parole écrite, et du même coup, le processus s'était retourné sur moi, le simple observateur, précisément par le biais de ma propre expérience.

Qui n'a pas lui-même entretenu un amour interdit au cours de sa jeunesse ? Qui n'a pas raté un ou deux rendez-vous d'amour fou ? Et combien sont ceux qui ont osé choisir l'appel du cœur sur celui des institutions ou convenances sociales ? C'était trop tard pour Mme Hébert, elle était une héroïne romantique et, dans un sens, par solidarité, et en dépit du chemin emprunté par mes parents, je me retrouvais en elle. Tout comme Flaubert avait été Mme Bovary, j'étais Mme Hébert.

Photo : B. L. Wilson

« Mme Hébert »
(Cenon, février 2010)

*   *

*

ÉPILOGUES

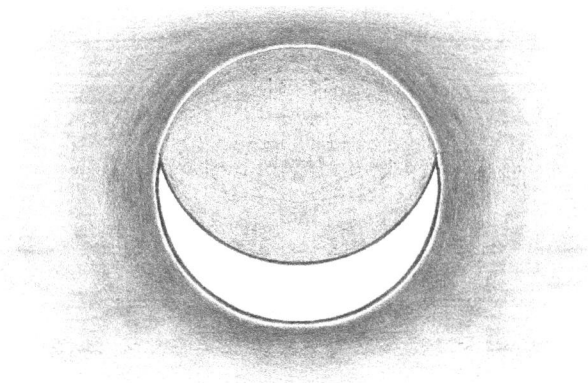

ÉPILOGUE

Ainsi, de par sa confession finale et complète à un étranger, et paradoxalement de par un « devoir de mémoire », Mme Hébert s'était enfin purgé la mémoire. Le passé pouvait se retrouver sous forme écrite, il ne serait plus le sien, et ça serait à la jeunesse d'en tirer la leçon.

Les mois qui suivirent, Mme Hébert révisa les divers passages de cette seconde biographie qui lui arrivaient par bribes, et par trois ou quatre fois elle me dit au téléphone : « Dépêche-toi... Je ne sais pas si je serai là encore longtemps... »

Sa dernière confession lui réussissait mieux que celle qu'elle avait faite en l'église Saint-Pierre de Bordeaux, en 1943; ses démangeaisons étaient en rémission. Au début de l'été 2011, après les noces d'un de ses arrière-petits-fils, elle alla à Dax prendre ses bains de boue annuels; elle avait retrouvé la paix du corps et de l'esprit, et un personnel attentionné lui faisait oublier la solitude. De retour à son pavillon de Cenon, elle entra dans une période de sérénité au cours de laquelle elle put se découvrir pour elle-même et par elle-même, sans aucune interférence.

Tout était en ordre. Une vie, sans boulet au pied, s'offrait à elle.

*

159

Mme Hébert reçut le manuscrit complet vers la fin août 2011. Le titre, qui me rappelait *Le Don paisible*, la surprit et lui plut à la fois.

Quelques jours plus tard, je la rappelai. « Je suis bouleversée, me dit-elle.

— … Ah oui ? fis-je en ayant soudain un doute, tout en notant que sa voix était plus fine, plus faible que d'habitude.

— … Oui… Je suis … bouleversée… »

Je revoyais mentalement mon travail à toute vitesse pour me rappeler les passages difficiles, pour trouver où j'aurais pu avoir fait une gaffe monumentale, peut-être deux, peut-être trois : mon récit serait-il récupérable ? Et en même temps une autre partie de mon cerveau cherchait fébrilement les mots de la question suivante, un peu sur le modèle de l'écoute active : « Vous êtes bouleversée… Positivement ou négativement ?… »

Heureusement, elle ne reprit pas mes termes. Elle lâcha un mot… puis deux ou trois… et je compris.

En lisant l'ensemble de *Paisible Garonne*, tout lui était revenu – et elle était maintenant la proie d'un sortilège irréversible : ça faisait deux jours qu'elle en était paralysée, c'était la catastrophe, comme si elle s'était fait percuter par un poids-lourd.

Malgré une douzaine d'inexactitudes dont elle était prête à laisser passer la moitié, elle avait décidé de poster son autorisation de publication, mais maintenant, non seulement elle se revoyait dans la sacristie en train d'écrire sa lettre de rupture, mais Mme Hébert se sentait investie par une nouvelle préoccupation, un sentiment qui avait plané dans l'ombre au-dessus d'elle pendant tout ce temps et qu'elle n'avait pas pu identifier, mais qui maintenant apparaissait dans toute son horreur, à la source de tous ses autres soucis. Je ne voyais pas ce que pouvait être cette préoccupation, et me doutant qu'elle pût être de nature bien intime, je ne fis aucun effort pour l'inviter à parler, d'autant plus que je craignais de prolonger son tourment à cause de sa voix qui se faisait encore plus basse mais, étrangement, plus claire malgré les milliers de kilomètres qui nous séparaient.

Et encore une fois je pus juger de la profondeur de son esprit quand, dans toute sa candeur, elle reprit le mot « décision » que j'avais inséré dès le début du récit :

« ... Je me demande... Je me demande si cette décision que j'ai prise... a été vraiment la mienne... »

Cette fois-ci, en reposant le combiné, submergé à mon tour comme par un raz-de-marée, je me rendis compte que je ne pourrais plus l'aider. Ce doute, qu'elle avait maintenant la force d'accepter, me fit comprendre que j'avais mal fait de me comparer à elle. Il me semblait qu'avec ce doute, preuve d'une humanité raisonnée et d'une existence authentique, la leçon qu'elle voulait donner allait perdre de son effet. Mme Hébert avait atteint l'épicentre de sa vie, c'est-à-dire le conditionnement contextuel de l'individu, ce qui allait peut être lui donner raison de se disculper face à elle-même, mais ce qui allait par la même occasion dissoudre son individualité et la ramener au néant de son enfance. Française du XXe siècle, elle avait cessé de chasser la faute chrétienne, mais il lui restait encore à assumer sa faiblesse en tant qu'individu pour faire éclater le «Zéro », et à ressurgir en tant qu'elle-même.

Les corrections et l'autorisation de publication n'arrivaient pas. J'en avisai Mme Hébert et lorsque je les reçus et que je voulus l'en rassurer, son téléphone ne répondit plus pendant plusieurs jours. Finalement, une voix féminine m'apprit que Mme Hébert s'était fait renverser par deux battants de porte automatique, l'un après l'autre, à un supermarché du nom de « Carrefour ». Elle était à l'hôpital en récupération d'une fracture du col du fémur. J'obtins ainsi le numéro de téléphone de Laure. Quand je l'appelai pour reprendre mes relations avec Mme Hébert, j'en profitai pour enfin lui demander de m'excuser de ma faiblesse passée et, bien que pouvant à peine imaginer son visage, à moins que ce ne fût qu'une bouche me parlant dans l'obscurité, je pus encore une fois, surtout par le ton de sa voix, juger de sa grande bonté.

*

Depuis ce jour-là, je fais mon possible pour réconforter Mme Hébert et préparer son quatre-vingt-quinzième anniversaire. Elle est maintenant en réadaptation au Château Le Moine, dans un quartier de pavillons blanc immaculé, à deux pas de chez elle, au bout d'une petite allée. Vu du ciel, l'établissement fait penser à une croix latine à l'envers, quelque peu désarticulée, gisant au bord d'un parc, à mi-chemin entre les deux pointes du Port de la Lune.

Ces jours-ci, surtout grâce à ses remontants, Mme Hébert est en train de se rétablir avec succès; le personnel l'encourage : « Vous êtes une patiente exemplaire : vous faites tout ce qu'on vous dit ! » Témoin de sa propre vie, Mme Hébert se résume quelque temps plus tard au téléphone, avec un grain d'ironie dans la voix : « Eh, oui ! Je suis une bonne élève ! » Quand je lui dis que le cadeau d'anniversaire que je lui envoie est un jeu de Scrabble en chocolat, elle semble un peu hésitante et me répond qu'elle en découpera le papier des jetons pour continuer de jouer avec. Mme Hébert a peut-être encore la force de ruminer sur les origines de sa décision dans une petite chambre bleu ciel, mais le temps des cerises est bien passé, et simplement réfléchir à la trahison, au libre-arbitre ou à la classification des épouses catholiques ne mène nulle part. Encore une fois, il faudrait en revenir au contexte.

Et ainsi ce soir, sans doute, à Cenon (Gironde), à trois ou quatre kilomètres de la Garonne, vers l'heure du mascaret, dans un petit pavillon vide d'une petite rue balayée par un vent d'automne, le manuscrit de *Paisible Garonne* repose abandonné dans un coin de pénombre, tout en reflétant des rayons de lune tamisés par un store.

Oui… il est là.

Il est là

Chelsea (Québec), 31 décembre 2011.

POST-ÉPILOGUE

Neuf mois plus tard, en juin 2012, j'allai remettre en personne la maquette finale de *Paisible Garonne* à Mme Hébert. Ce fut presque une erreur.

« Mais je n'ai jamais dit ça ! » Elle voulait me faire changer une cinquantaine de détails… faire contrepoids aux passages sur Jacques avec plus de passages sur Laurent : « C'est pas possible ! Je devais faire une dépression !… » Quant au résumé : « Oh, la-la, la-la !... » Mais alors, quoi de mes notes ? Qu'en étaient les faits ?

Au bout de trente heures de soutenance, phrase par phrase, je me retrouvai comme ayant tout accepté. Enfin, presque – encore.

J'avais besoin d'air libre, d'être loin, loin de Cenon. Cette fois-ci, je décidai d'aller reconnaître au Pontet les lieux du « crime », avec ma compagne, d'arpenter le quai de la gare, comme je l'avais fait moi-même, jeune, dans une foule de gares. Je voulais aussi repérer le vieux moulin à blé de Micheline et Jacques, au cœur des vignobles, un peu comme faisait mon père pour inspecter les lieux de sinistres.

Et il était là. Le soleil venait de percer à travers les nuages, et la nature verdoyante, avec ses rangées de vignes, ondoyait au vent jusqu'au hameau en contre-bas. Je restais planté avec le moulin debout devant moi, comme si je retrouvais un vieil ami… Je laissais cette rencontre m'imprégner… Ma compagne avait pris le devant sur le chemin de terre, mais elle se retourna alors … et me fit signe : au pied du moulin … au soleil … se dégageant des broussailles … deux petits rosiers … rouge vif … avaient fleuri...

Photo : B. L. Wilson

Deux petits rosiers

Peu après mon retour au Canada, Mme Hébert me relança sur la piste de Jacques. Elle voulait savoir comment penser à lui quand elle pensait à lui : en tant que mort ou en tant que vivant. Six semaines plus tard, enfin, je pus lui téléphoner la réponse : il était décédé le 20 décembre 1999. Et il repose à Saint-Palais-sur-Mer.

Elle s'y attendait. Cependant, le léger délai qui précéda sa réaction et la faiblesse de sa voix au début et à la fin de ses phrases trahissaient un état pour lequel il n'y avait pas de mot.

Je regardai pensivement la carte. Tout était là, tout s'était passé là, au bout de mes doigts.

Et c'est alors que je m'en souvins : Micheline veut se faire enterrer dans la petite tombe de ses parents, à Étauliers... Oui, à Étauliers, entre Saint-Palais-sur-Mer et Saint-Seurin-sur-l'Isle... Je me précipitai sur l'ordinateur... Oui, effectivement, à exactement cinquante-cinq kilomètres – et de l'un ... et de l'autre...

Lake MacDonald (Québec), 8 octobre 2012.

Conclusion

offerte par Mme « Hébert »

J'ai pris dans ma jeunesse une decision douloureuse, poussée par une force intérieure... Ce qui m'a permis :
- de me réaliser professionnellement
- de rencontrer celui avec qui j'ai vécu une union heureuse
- de vivre une vieillesse paisible, entourée de nombreux petits enfants affectueux

Paulette, la fille unique de Laurent, qui avait été eprouvée par son remariage, m'a déclaré quelque temps après sa mort « Tu as rendu Papa heureux »

Un lointain passé m'est revenu en mémoire, une experience qui m'a murie, et permis de comprendre un homme qui lui aussi avait souffert de la separation par la mort d'une épouse aimée.
Non "Je ne regrette rien"

Voila le message que je veux transmettre à mes petits enfants
Je rends grâce au Seigneur de m'avoir guidée sur le chemin parfois tortueux de la vie

[Cenon (Gironde), 21 juin 2012.]

Mais il est bien court le temps des cerises
Où l'on s'en va deux cueillir en rêvant
Des pendants d'oreille…

JEAN-BAPTISTE CLÉMENT, *Le Temps des cerises*

Notes socio-historiques

(chiffres approximatifs)

apostasie : renoncement public à une religion, généralement en faveur d'une autre.

Aquitaine : 1. région administrative du sud-ouest de la France, comprise entre l'Espagne, l'Atlantique, l'estuaire de la Gironde et le Massif central, et comprenant cinq départements territoriaux, dont la Gironde et la Dordogne; v. Gironde$_{-2}$. 2. ancien royaume résultant du morcellement de l'empire romain, délimité dans le sens horaire, au sud, par les Pyrénées, puis l'Atlantique, la Loire et le Rhône (capitale Saintes, Toulouse, puis Bordeaux); réduit après 877 à deux duchés, la Guyenne et la Gascogne, régions de l'espace anglo-angevin (1154-1214), annexées par la France en 1453 et formant des provinces de la Renaissance à la Révolution de 1789. V. Bordeaux, Périgord, Saintes.

armistice de 1918 (11 nov., signature 5 h 15, cessez-le-feu 11 h) : accord de suspension des hostilités marquant la fin de la Première Guerre mondiale; pertes militaires françaises : 1 400 000 tués, 4 266 000 blessés, 537 000 prisonniers (17 000 mourront en captivité), et 1 140 000 chevaux et 20 000 pigeons-voyageurs; récupération de l'Alsace-Lorraine par la France.

armistice de 1940 (signature avec l'Allemagne le 22 juin à 18 h 50 [à moins de trois semaines de l'épuisement des stocks allemands], et avec l'Italie le 24 juin à 19 h 15, cessez-le-feu le 25 juin à 0 h 35) : accord de suspension des hostilités franco-allemandes et franco-italiennes; pertes militaires françaises face à l'Allemagne, 3 sept. 1939-9 mai 1940 : 10 400 tués; 10 mai-22 juin (bataille de France) : 59 000 tués (dont 12 généraux et 1 contre-amiral), 123 000 blessés (2650 ne survivront pas), 1 800 000 prisonniers (1100 seront massacrés, 70 000 s'évaderont, 39 000 mourront en captivité), et 320 000 chevaux d'artillerie; pertes civiles françaises : 21 000 tués (la moitié par l'aviation allemande, et 326 massacrés); pertes militaires françaises face à l'Italie : 140 tués ou disparus, 84 blessés, 1 141 prisonniers; pertes territoriales françaises : démembrement de la France en huit zones (qui finiront toutes par être occupées), ré-annexion de la zone Alsace-Lorraine par l'Allemagne et entretien des troupes d'occupation à déterminer (quatre milliards de francs versés tous les dix jours par la France à l'Allemagne pour 300 000 hommes), annexion de Menton par l'Italie; perte de compétences françaises : hormis la marine de guerre, transfert de matériel de guerre aux occupants, libération immédiate des prisonniers et ressortissants allemands et italiens, renvoi des réfugiés allemands en Allemagne (ordonnances rétroactives), maintien des prisonniers français en Allemagne jusqu'à la conclusion de la paix; un quart du parc automobile français fut réquisitionné en supplément. V. exode de 1940, pupille de l'Air.

Averroès (Ibn Ruchd, 1126-1198) : savant et juge andalou de croyance musulmane; philosophe de controverse, commentateur de Platon et d'Aristote; marque le rapport entre contexte et être.

Balguerie-Stuttenberg, Pierre (1778-1825) : marchand de coton, négociant en vins, négrier manqué, armateur, constructeur de ponts (Bordeaux, Libourne, Bergerac, Agen, etc.) et philanthrope.

Bérets blancs : groupe d'entraide catholique.

boîte de Pandore : dans la mythologie grecque (et selon Hésiode dans *Les Travaux et les Jours* [vers −700]), réceptacle rempli de tous les maux de la terre et offert en cadeau à la première femme, Pandore (« Tous-les-dons »), par le roi des dieux, Zeus.

bombardements de 1940-1945 en France (plus de 1 000 bombardiers lourds et 3 000 autres appareils alliés y furent perdus) : 1 500 localités ciblées, 67 000 civils tués (Bordeaux : 34 bombardements, env. 350 tués, 700 blessés, 3 000 sinistrés).

Bordeaux (Gironde), jumelée à la ville de Québec (1962) : ville portuaire à l'intérieur des terres, colonisée par les Romains, saccagée par les Vandales, les Wisigoths, les Francs, les Sarrasins et les Vikings (216-864); étape de pèlerinage à Saint-Jacques-de-Compostelle; anglaise de 1154 à 1453; bastion catholique pendant les guerres de Religion, massacre des protestants (1572); population décimée d'un tiers par la peste (1585, 15 000 morts); occupée par les Coalisés (1814); capitale de l'Aquitaine au IIIe siècle et depuis 1204, de la Gironde depuis 1790, et de la France en 1871, 1914 et, 1940. Bordeaux est occupée par les Allemands du 27 juin 1940 au 27 août 1944 avec 30 000 policiers et militaires, dont la plus forte concentration de troupes S.S. en France, et par 3 000 Italiens (sept. 1940-sept. 1943); rattaché à la zone interdite du littoral, son port constitue la plaque tournante la plus stratégique contrôlée par

l'Allemagne, à la fois la plus éloignée des bases britanniques et la
plus proche de ressources de guerre au Brésil et en Extrême-Orient;
des cargos neutres ou axistes et des sous-marins cargo allemands et
japonais forceront le blocus allié pour importer 114 000 tonnes de
caoutchouc, d'étain et de wolfram, en plus d'autres produits rares; il
est doté d'une base navale de 75 sous-marins, d'une base aérienne
de plus de 100 appareils et de postes de transmission protégés par
quelque 40 canons antiaériens et des ballons et projecteurs, le tout
relié par un réseau de 70 fortins et casemates; le port lui-même et
l'estuaire sont dragués et patrouillés par 70 bâtiments; ses sous-
marins axistes couleront 104 navires alliés mais subiront 53 pertes
et 2 sabordages; 7 sous-marins cargo seront aussi coulés en mer.
Dans le contexte de *Paisible Garonne* : un pétrolier et 5 bâtiments
sabotés à quai par un commando anglais (ayant mis à profit le
mascaret et dont deux survivants, après avoir sabordé leur kayak, se
replient incognito par Eyrans la même nuit [11-12 déc. 1942 ?]); les
six autres commandos sont interceptés et exécutés—coup de main
des plus audacieux de la guerre); 1 appareil allemand abattu et 5
sous-marins italiens endommagés par 39 bombardiers américains
(17 mai 1943 : 1 B-17 abattu, 1 endommagé, 11 aviateurs disparus);
démolition du port sur 10 km neutralisée par un transfuge protestant
allemand (22 août 1944); retrait allemand négocié avec la
Résistance, accrochages et incendies mineurs (base sous-marine
intacte; port et chenaux bloqués un an par des mines et plus de 200
bâtiments sabordés ou coulés). V. Aquitaine-2, commerce
triangulaire, Gironde-2, mascaret, Mauriac.
Celta 4 (1934-1938) : berline Renault milieu de gamme à propulsion
(4 cyl., 1463 cm^3, 30 ch., 8 l/100 km).
chabrol : assiette de soupe qui, une fois servie, est assaisonnée de vin
rouge.
chant du Maréchal (*Maréchal, nous voilà !* 1941, d'André Montagard
[1887-1963]) : hymne officieux de l'État français (1940-1944),
adopté pour la gloire de son chef, le m^{al} Pétain (1856-1951), après
le renversement du régime républicain (11 juill. 1940); diffusé à la
radio et entonné dans les camps de jeunesse et les écoles.
Chef à l'œil d'ivoire (Le ~) (1945) : roman d'aventures relatant la lutte
d'un orphelin contre les éléments et un sorcier démoniaque, d'Aimé

Roche (1910-1991, missionnaire catholique au Grand Nord canadien).

Cheverus, Jean Lefebvre de (1768-1836) : aumônier catholique du frère du roi, évêque de Boston, puis de Bordeaux, cardinal de France.

Chèvre de monsieur Seguin (La ~) (1866) : conte d'Alphonse Daudet, auteur d'obédience conservatrice.

commerce triangulaire (1510-1867) : trafic maritime européen entre l'Europe, l'Afrique et l'Amérique, fondé sur l'esclavage d'Africains (17 000 000 d'hommes et femmes auraient été déportés en Amérique; plus d'un million aurait péri pendant la traversée et cinq millions dans les douze mois de leur arrivée); impliquait notamment les ports de Nantes et Saint-Nazaire, de Bordeaux et de La Rochelle.

commissions d'épuration (1943-1946 [?]) : calquées sur le système pétainiste, commissions instaurées par le gouvernement de la Résistance avec mandat d'écarter du pouvoir les citoyens soupçonnés de pétainisme ou de collaboration avec l'Occupant, et de saisir la justice en vertu d'ordonnances rétroactives; elles étudièrent plus de 311 000 dossiers, dont 5 091 relativement à l'enseignement. (Les instructions en justice aboutirent à près de 800 exécutions capitales; les actions extrajudiciaires comptèrent près de 9 000 exécutions et 20 000 tontes de têtes.)

Conformiste (*Le* ~) (1952) : traduction de l'italien *Il Conformista* (1951), roman psycho-politique sur l'assimilation de la conformité à la normalité, d'Alberto Moravia (1907-1990, romancier et journaliste d'allégeance communiste).

correspondant : personne majeure responsable des sorties d'un élève interne mineur et agissant comme intermédiaire entre sa famille (éloignée) et son établissement.

Docteur Jivago (*Le* ~) (1958) : traduction d'un roman russe (1957) sur l'individualisme et le besoin de compagnie, de Boris Pasternak (1880-1960, poète et romancier; Prix Nobel de littérature [1958] décliné).

douve : fossé rempli d'eau et longeant les remparts d'un château-fort.

Es war ein Edelweiss (C'était un édelweiss, 1939, de Herms Niel [Nielebock, 1888-1954, compositeur d'allégeance nationale-socialiste]) : une des chansons de marche de l'armée allemande.

Étauliers (Gironde; situé à 55 km de Saint-Palais-sur-Mer et à 55 km
de Saint-Seurin-sur-l'Isle) : étape de pèlerinage à Saint-Jacques-de-
Compostelle; défaite française contre les Coalisés anglo-portugais
et brunswickois de Lord Dalhousie (1814); occupée par les
Allemands du 27 juin 1940 au 31 juill. 1944.

Être et le néant (*L'~*) (1943) : essai d'ontologie établissant le rôle du
libre-arbitre, de Jean-Paul Sartre (1905-1980; philosophe et
dramaturge d'obédience socialiste, prisonnier libéré en 1941; auteur
clandestin sous l'Occupation; participa à l'Épuration des écrivains;
refus de la Légion d'honneur [1945]; refus du Prix Nobel de
littérature [1964]).

eucharistie (Ier siècle) : 1. rite généralement associé au culte catholique
(la messe), fondé sur le dogme de la transsubstantiation (vers 1130
et 1551, c.-à-d. la substitution d'éléments physico-chimiques) et au
cours duquel un officiant offre aux fidèles une disquette de pain à
consommer en leur affirmant que c'est le corps du Christ (c.-à-d.
celui de Jésus de Nazareth, resacrifié; chez la plupart des
orthodoxes, correspond à la liturgie eucharistique faisant partie de
la sainte liturgie, fondé sur le dogme de la transsubstantiation
[1672], ou sur celui de la transélémentation, de la réordination ou
du mystère; chez la plupart des protestants, correspond à la Sainte-
Cène faisant partie du culte, fondé sur le dogme de la
consubstantiation [vers 1300 et 1520, c.-à-d. la production d'une
présence spirituelle] ou sur celui du symbolisme commémoratif
[depuis env. 1965, ces dogmes protestants ont tendance à être
remplacés par le concept de « transignification »]). 2. pain et vin
associés au rite du même nom.

exode de 1940 (10 mai-20 juin 1940) : huit millions de réfugiés
hollandais, belges, luxembourgeois et français encombrant les voies
de communication en arrière du front, en fuite vers le sud et
l'Espagne; ils subirent 10 000 morts lors des mitraillages par
l'aviation allemande; des milliers d'animaux furent abandonnés, et
on recensa 90 000 enfants perdus. V. armistice de 1940.

Eymet (Dordogne) : colonie romaine; étape de pèlerinage à Saint-
Jacques-de-Compostelle; annexion par la France (1271, après
l'extermination des hérétiques albigeois); anglaise de 1279 à 1337;
contestée par Français et Anglais de 1337 à 1380; anglaise de 1380
à 1451; protestante de 1535 à 1685; son temple est démoli en 1671
(avant l'édit de Fontainebleau de 1685) et reconstruit en 1808. (Le

mur du cimetière séparant les tombes catholiques des protestantes fut abattu après la Première Guerre mondiale.)

F3 : logement de deux chambres à coucher, normalisé après la Seconde Guerre mondiale.

Flaubert, Gustave (1821-1880) : écrivain naturaliste; auteur de *Madame Bovary* (1857), roman sur l'attrait du romantisme pour la bourgeoisie.

Foucauld, Charles de (1858-1916) : militaire rallié au catholicisme, ermite, missionnaire antiesclavagiste, lexicographe (touareg-fr.), assassiné au Sahara après avoir été pris en otage par des Sénoussis pro-turcs et refusé de renier sa religion.

gazogène : 1. poêle à bois générateur de gaz combustible; adaptable à un moteur à explosion (80 000 en furent construit en 1941). 2. (après 1900) véhicule (péniche, auto, char d'assaut, etc.) équipé d'un moteur à gazogène (principalement lors de pénuries d'hydrocarbures).

Gestapo (*Geheime Staatspolizei* [police secrète d'État], 1933-1945) : police politique allemande, dotée d'une section française (1941-1944; prononcé « Geste-à-peau » par Mme Hébert).

Ghéon, Henri (Henri Vangeon, 1875-1944) : médecin et dramaturge rallié au catholicisme (une centaine de pièces), cofondateur de *La Nouvelle Revue française* (1909-1945) et du quotidien fasciste *Le Nouveau Siècle* (1925-1928); auteur d'une nouvelle version de *La Belle au bois dormant* (1935 [Charles Perrault, 1697]).

Gironde : 1. le plus vaste estuaire d'Europe occidentale, formé par la confluence des fleuves Garonne et Dordogne; v. mascaret. 2. le plus vaste département territorial français, avec Bordeaux pour préfecture (créé et nommé en 1790, renommé Bec-d'Ambès en 1793-1795); v. Aquitaine₋₁, Bordeaux. 3. groupe politique bourgeois favorable à la décentralisation et initialement révolutionnaire (1791-1793; la plupart de ses membres, les Girondins, furent guillotinés ou se suicidèrent).

grippe espagnole (1918-1919) : grippe aviaire asiatique, transmise à l'humain et ayant évolué en pandémie (causa 50 000 000 de morts, dont 400 000 en France).

guerres de Cent Ans (1159-1299, 1337-1453, 1689-1815) : au nombre de trois, guerres de succession et de contestations territoriales ou coloniales intermittentes entre le royaume d'Angleterre et la France, et entre leurs alliés.

guerres de Religion (1520-1787) : au nombre de neuf, affrontements armés, économiques et religieux entre catholiques et protestants.

guide-chant : instrument à vent et à clavier utilisé pour les cours de musique ou de chant.

hennin : longue coiffe conique dotée d'un voile émergeant du sommet; portée par les femmes de l'aristocratie du XVᵉ siècle.

Johnston, David (1789-1858; fils adoptif d'un marchand irlandais d'ascendance écossaise) : Bordelais, protestant, protecteur des arts et manufacturier de faïences et porcelaines (plan de retraite, assurance maladie, instruction des enfants des 700 ouvriers), maire de Bordeaux (1838-1842).

Jonzac (Charente-Inférieure [1790-1941]; Charente-Maritime) : investi par les Allemands vers le 23 juin 1940; dépôt de munitions souterrain de la marine allemande pour l'Atlantique (mis à feu par deux ouvriers juin-juill. 1944); libération 13 août-1ᵉʳ sept. 1944 (retardée par un coup de main des Allemands de Royan).

Kommandantur : poste de commandement de place de l'armée allemande.

La Rochelle (Charente-Inférieure [1790-1941]; Charente-Maritime) : ancien port templier convoité pendant les premières guerres de Cent Ans; dernier bastion protestant soumis par les catholiques (1628); occupé par les Allemands du 23 juin 1940 au 7 mai 1945; siège d'une des premières cours martiales ayant condamné à mort des saboteurs français; démolition du port sabotée par un marin allemand et reddition sans combat de la base sous-marine aux troupes françaises (7-8 mai 1945). V. commerce triangulaire.

Lourdes (Hautes-Pyrénées [région frontalière avec l'Espagne]) : après 1858, le plus grand but de pèlerinage catholique de France (ville dotée du troisième plus grand nombre d'hôtels); occupé par les Allemands du 11 (?) nov. 1942 au 19 août 1944; centre de repliement avec centres médico-scolaires (31 hôtels pour 2 000 enfants, dont 121 de Bordeaux; les jeunes juifs avaient reçu une identité différente [sur les 20 000 Européens continentaux ayant protégé des juifs durant la Seconde Guerre mondiale, 3542 étaient français, dont 225 Aquitains]); reddition sans combat de la garnison allemande aux forces françaises. (Fin nov. 1943, 150,000 enfants auraient été officiellement recensés comme « repliés » vers de tels centres.)

marraine de guerre (1914-1918, 1940-1944) : jeune femme célibataire chargée de correspondre avec un soldat au front (ou prisonnier) pour lui maintenir le moral.

mascaret : vague de marée haute qui remonte le bas d'un fleuve jusqu'à l'endroit où elle est neutralisée, permettant ainsi au fleuve de refouler la mer jusqu'à la côte. (Utilisé par des commandos anglais; v. Bordeaux, Gironde$_{-1}$.).

Mauriac, François (1885-1970) : écrivain romancier, originaire de Bordeaux, de croyance catholique, auteur clandestin sous l'Occupation, participa à l'Épuration des écrivains; Prix Nobel de littérature (1952); Légion d'honneur (1958).

Non, je ne regrette rien (1956) : chanson existentielle de Michel Vaucaire (1904-1980) proclamant l'affirmation de soi face au mal et au bien par le feu d'un amour régénérateur (dédiée à la Légion étrangère par Édith Piaf vers 1960).

œcuménisme : mouvement d'unité d'action des églises chrétiennes; sa version moderne commence chez les protestants (vers 1929); un concile le réintroduit aux catholiques (Vatican II, 1962-1965).

ordinaire : nourriture habituelle du soldat.

Pascal, Blaise (1623-1662) : mathématicien, physicien et philosophe catholique; auteur des *Pensées* (1670), apologie posthume du christianisme.

Pères blancs (1868-) : missionnaires catholiques antiesclavagistes œuvrant en Afrique.

Périgord : ancien comté (capitale Périgueux), partie de la Guyenne (centre puis nord de l'Aquitaine), renommé Dordogne en 1790 (troisième plus vaste département). V. Aquitaine.

phénomène de Copenhague (1924-1930) : phénomène de subjectivité d'un observateur par lequel le résultat d'une expérience, tant qu'elle n'est pas menée à terme, est postulable de manière indéfinie ou contradictoire, ce qui implique des univers parallèles (position critiquée en fonction du paradoxe du chat mort-vivant [1935]).

Piaf, Édith (1915-1963) : chanteuse populaire, interprète notamment de *Non, je ne regrette rien*.

Port de la Lune : nom donné au port de Bordeaux après son déplacement du bassin de la Devèze, réaménagé hors des remparts et au bord de la Garonne, en aval et en amont de leur confluence, précisément où un méandre rappelle un croissant de lune (XIVe siècle). (Le méandre résulte de l'obstacle fait par les hauteurs de

Cenon, sur l'autre rive de la Garonne. Le bassin de la Devèze fut remblayé et remplacé par l'église Saint-Pierre en l'honneur de Pierre le Pêcheur. L'image du croissant est reprise sur le blason de la ville.)

Porte étroite (La) (1909) : roman d'André Gide (1869-1951, cofondateur de *La Nouvelle Revue française* [1909-1945]), satire du sacrifice de soi en échange de la sainteté (selon Henri Ghéon, compagnon de son auteur).

pupille de l'Air : garçon interne d'une école paramilitaire, reconnaissable à sa cape et à son béret. (Initialement, ce sont les orphelins des équipages disparus en 1940 [646 tués et disparus, 364 blessés] qui furent accueillis dans deux nouvelles écoles de l'armée de l'Air, en 1941 pour les garçons et en 1942 pour les filles. Plus de la moitié des appareils furent retirés du front par le gouvernement Pétain quelques jours avant la signature de l'armistice de 1940, et redéployés en Afrique du Nord. Quelque deux douzaines de pilotes s'échappèrent pour continuer la lutte avec les Français libres, dans les forces aériennes britannique et soviétique.)

purgatoire : concept de processus et de lieu de purification des âmes après la mort, élaboré par les catholiques au XIIIe siècle (rejeté par les églises orthodoxes et protestantes).

Radeau de la Méduse (Le ~) (1819) : tableau de Théodore Géricault (1791-1824) illustrant les derniers rescapés du naufrage de la frégate française La Méduse (bâtiment ayant fait partie d'une flottille chargée de rétablir des comptoirs français au Sénégal en 1816).

rafle (dans le contexte de *Paisible Garonne*) : interpellation de masse sur la voie publique (ou chez les habitants ou dans des camps) ayant pour but de déporter par bus, camions ou trains entiers la population juive dans les camps d'extermination allemands, et d'interner (ou déporter) les communistes, les gauchistes, les Tsiganes et les étrangers réfugiés, démobilisés ou dérégularisés dans des camps d'internement ou de concentration, et des ouvriers dans le cadre du S.T.O. (env. 1660 juifs bordelais furent ainsi déportés). (Une dizaine de camps regroupait dès 1939 une partie des 450 000 réfugiés venus d'Espagne) V. S.T.O., traque.

réformes de l'enseignement (dans le contexte de *Paisible Garonne*) : 1. (1924-1936) : égalité de l'enseignement masculin et féminin; scolarité primaire obligatoire étendue jusqu'à 14 ans; bourses pour les élèves du primaire; examen d'entrée au secondaire; gratuité du secondaire. 2. (1940-1944) : tentative d'introduction de l'enseignement de la religion; intégration de l'enseignement primaire supérieur au niveau secondaire; études secondaires payantes; accès discriminatoire à l'enseignement et aux bourses; suppression des écoles normales.

Royan (Charente-Inférieure [1790-1941]; Charente-Maritime) : port anglais de 1154 à 1451; bastion protestant soumis et rasé par les catholiques (1623-1631); occupé par les Allemands du 24 juin 1940 au 17 avr. 1945; tentative de reddition allemande (août 1944); attaques anglaise puis canadienne sur les bateaux du port (août-sept. 1944); rasé par 347 bombardiers britanniques (5 janv. 1945, 600 tués), bombardé et napalmé par 338 puis 833 bombardiers américains (14-15 avr. 1945, 400 [?] tués; Q.G. allemand intact); reddition aux troupes françaises (17-18 avr. 1945). V. Jonzac.

S.T.O. (Service du travail obligatoire, févr. 1943-juill. 1944) : après des départs volontaires dès 1940 (dès déc. à Bordeaux), service chargé de l'envoi d'ouvriers français en bonne santé dans quelque 2000 sociétés et usines allemandes (plus d'un million de Français [dont 15 000 Girondins] auraient ainsi travaillé en Allemagne [250 000 prisonniers de guerre, 200 000 volontaires, 650 000 requis; 30 000 requis et volontaires n'en revinrent pas]; 85 000 autres Français y échappèrent en rejoignant la Résistance ou en fuyant en Espagne); service rémunéré faisant contrepoids aux quelque 300 groupes de travailleurs forcés étrangers retenus en France entre avr. 1939 et nov.1945 (sur 15 000 Espagnols, 3 000 furent affectés à la construction de la base sous-marine de Bordeaux [70 y périrent] et 3400 autres et 2000 réfugiés allemands rejoignirent la Résistance; les premiers soldats français à pénétrer dans Paris en août 1944 étaient d'origine espagnole). V. rafle.

Sainte-Cène : rite associé au culte protestant. V. eucharistie.

Saintes (Charente-Inférieure [1790-1941]; Charente-Maritime) : ancienne capitale de l'Aquitaine (Ier-IIe siècles); étape de pèlerinage à Saint-Jacques-de-Compostelle; sporadiquement occupée par les Anglais (1271-1404); contestée par protestants et catholiques (1546-1579); occupée par les Allemands du 23 (?) juin 1940 au 4 sept. 1944. V. Aquitaine.₋₂.

Saint-Jacques-de-Compostelle (Galice) : troisième plus grand but de pèlerinage catholique après 1492, remontant au XIe siècle (inspiré par le désir des chrétiens de recouvrer la péninsule ibérique sur les musulmans); symbolisé par un coquillage.

Saint-Nazaire (Loire-Inférieure [1790-1957]; Loire-Atlantique) : ville portuaire, française depuis 1532, occupée par les Allemands du 19 (?) juin 1940 au 7 mai 1945; coup de main anglais (28 mars 1942); incendiée (avec son collège technique) par 1 000 bombardiers anglais et américains (28 févr. 1943, 479 morts); dernier bastion allemand de l'Europe continentale, tenu par 30 000 hommes, soumis par les Américains (8-11 mai 1945; base sous-marine intacte). V. commerce triangulaire.

Saint-Sacrement (dans le contexte de *Paisible Garonne*) : disquette de pain eucharistique (« hostie ») présentée dans un ostensoir en métal précieux à l'adoration des fidèles (catholiques), ou conservé dans une petite armoire verrouillée (« tabernacle »).

Saint-Sébastien (Pays Basque) : ville portuaire, siège d'un échec de soulèvement contre la république espagnole (19-28 juill. 1936); investi par les rebelles nationalistes espagnols (13 sept. 1936).

Secours national (1914-1918, 1939-1944) : organisme d'assistance aux victimes de guerre, parallèle à la Croix-Rouge (après juin 1940, sous la haute autorité du chef de l'État, d'abord liquidateur des biens confisqués aux juifs, puis aux dissidents et aux trafiquants, et ensuite bénéficiaire des revenus de loterie, de diverses surtaxes et de recettes de fêtes).

Semaine de Suzette (La ~) (1905-1940, 1946-1960) : hebdomadaire illustré, d'obédience catholique et destiné aux petites filles.

Service du travail obligatoire : v. S.T.O.

slava : célébration annuelle du saint protecteur d'un foyer orthodoxe serbe, effectuée sur les lieux en fonction du calendrier julien par un pope ou par le chef de famille; intégration probable d'un rite païen de l'époque vintchane.

T.S.F. (télégraphie [ou téléphonie] sans fil [désuet]) : la radio.

Temps des cerises (Le ~) (1866) : chanson de Jean-Baptiste Clément (1836-1903) sur le thème du chagrin d'amour (dédiée à une infirmière communarde, tuée par les nouveaux républicains [1871]); chantée notamment par Charles Trenet (1942) et Yves Montand (1955).

terre-neuvas : du XVIe au XXe siècle, bateaux, équipages ou marins qui partaient de France au printemps pêcher la morue pour plusieurs mois au large de Terre-Neuve et ailleurs.

Thérèse de Lisieux (Thérèse Martin, 1873-1897) : sainte catholique (1925), théoricienne carmélite de la spiritualité enfantine et de la sainteté des petites gens par leurs actes quotidiens; patronne des missionnaires (1927) et patronne secondaire de la France (1944); écrits autobiographiques posthumes. (Lisieux : deuxième plus grand but de pèlerinage catholique de France.)

traque (dans le contexte de *Paisible Garonne*) : poursuite sans relâche des proscrits du régime pétainiste par des organes spécialisés des polices françaises et allemandes. (En Gironde, de telles opérations conduisirent à 806 exécutions de résistants et d'otages, et à 1300 déportations en Allemagne. Avec les prisons et divers établissements dont quelque 200 camps, le régime et l'Occupant disposaient sur l'ensemble du territoire de 900 lieux d'internement [dont 20 en Gironde avec le fort du Hâ, 42 en Charente-Maritime et 12 dans les Hautes-Pyrénées].) V. rafle.

Zéro et l'infini (Le ~) (1945) : traduction de l'anglais *Darkness at Noon* (1941, traduction de l'allemand *Sonnenfinsternis* [1939 ?]), roman antistaliniste d'Arthur Koestler (1905-1983, auteur ex-communiste).

2 CV ([1939] 1948-1990) : berline Citroën bas de gamme à traction (2 cyl., 435 cm^3, 18 ch., 4,8 l/100 km).

–8Θ8Θ8–

L'auteur

J. L. F. Lambert a été formé en Europe et en Amérique du Nord. Il a monté et dirigé le service de terminologie de la Gendarmerie royale du Canada de 1975 à 1999, et a fait paraître le premier dictionnaire de la police français-anglais sur Internet. Il a servi auprès du Ministère de la Justice comme traducteur juré en Ontario et comme interprète en Italie. Il a été sollicité comme conseiller linguistique par la police du Kent pour le tunnel sous la Manche, par l'association des traducteurs de Chypre et par l'école hôtelière de Santa Lucia, à Cuba. Il a enseigné la terminologie à l'Université d'Ottawa et le français au Collège de Jonquière à Gatineau (Québec). Il est l'auteur d'un lexique de la tectonique des plaques, d'un vocabulaire illustré de la dactyloscopie, d'une histoire de la terminologie dans l'antiquité (*Termcraft*, cinq étoiles Clarion, 2014) et de nouvelles inédites (dont Sur les traces d'Hannibal, Prix spécial du jury, Semaine italienne, Ottawa, 2007).

Txt TNR 12 int 1,1 mrg 2 1,75 0,75

www.ingramcontent.com/pod-product-compliance
Lightning Source LLC
Chambersburg PA
CBHW060339100426
42812CB00003B/1049